Marie Cabaud Meaney

# Brücken zum Übernatürlichen

AF708047

Marie Cabaud Meaney

# Brücken zum Übernatürlichen

## Simone Weil über das Böse, den Krieg und die Religion

Bernardus-Verlag 2018

Impressum

1. Auflage 2018
© Bernardus-Verlag
In der Verlagsgruppe Mainz
Alle Rechte vorbehalten
Printed in Germany

Bernardus-Verlag
Verlagsgruppe Mainz
Süsterfeldstraße 83
52072 Aachen
www.bernardus-verlag.de

Herstellung und Vertrieb
Druck & Verlagshaus Mainz
Süsterfeldstraße 83
52072 Aachen
www.verlag-mainz.de

Abbildungsnachweise
Umschlag: By Unknown - website, Public Domain,
https://commons.wikimedia.org/w/index.php?curid=40834552 [S. Weil]
https://pxhere.com/en/photo/1152988 [Kathedrale, Fond]

ISBN-10: 3-8107-0285-4
ISBN-13: 978-3-8107-0285-2

*Für meine wunderbare Mutter,*
*Rosemarie Cabaud,*
*der ich so unendlich viel verdanke*

# Inhalt

## Vorwort

Manche Gedanken leuchten erst auf, wenn man einem Menschen begegnet, der sie durchträgt. Tiefer noch: sie durchleidet, vor allem die schwierigen, unlösbaren. Simone Weil führte ein Leben, das von der Erfahrung der »Schwerkraft« des Daseins beherrscht war. Ihre Lebenszeit vollzog sich in Europas dunkelsten Stunden des 20. Jahrhunderts: Zwei Weltkriege, der spanische Bürgerkrieg und totalitäre Regime verfinsterten den Kontinent. Als die junge Frau mit 34 Jahren an Auszehrung starb, war noch keine Rettung in Sicht. In vielen individuellen Brechungen wurde dasselbe Los von Millionen anderer Menschen, Unschuldigen und Schuldigen, geteilt. Simone Weil aber erlitt es nicht nur, sondern war durch Anlage und Ausbildung in der Lage, der Nacht, dem Unheilen, dem Bösen Ausdruck und Deutung zu geben. Das heißt immer auch: es zu durchdringen und damit im Ansatz zu überwinden. Ihr Charisma war ein philosophisch und logisch geschultes Denken, das in den letzten Jahren von Christus erleuchtet wurde und immer tiefer in das Geheimnis des Bösen eindrang, vor allem kraft ihres Leidens, das sie mit dem seinen zu verbinden lernte. Daraus entstand ein Werk, nicht umfangreich, aber in vielen Facetten auffunkelnd, das einzigartig ist und in seinen schroffen, oft unvermittelten Aussagen bestürzt – aber auch anzieht, überzeugt, ja, die Wahrheit des Gesagten aus sich selbst heraus zeigt.

Wie kam die jüdische Agnostikerin zu einer solchen Tiefe? Sie war in ihrer selbstverständlichen Glaubenslosigkeit erschüttert worden durch mehrere Begegnungen mit einer Macht, für die sie zunächst keinen Namen hatte. Diese Macht übersinnlich zu nennen, trifft nur ungenau, denn immer wurde sie im Sinnlichen wirksam – Simone Weil ist, vermutlich aufgrund ihrer von Kind an geübten Askese, außerordentlich empfänglich für Sinnlichkeit, vor allem im Gewand der Schönheit. Aus ihrer Zeit in Marseille 1941 stammt der geheimnisvolle *Prolog*, in welchem »jemand« (im französischen Text maskulin) für unbestimmte Zeit »von Ihm« in eine Dachkammer mitgenommen wird; dort ereignet sich nur sinnlich-reales Tun: Essen, Trinken, Schlafen, Sprechen. Ohne dieses wundervoll Schlichte in eine unmittelbare biographische Mitteilung pressen zu wollen, ist doch der wiederum verhangene Abschied zeichenhaft: »Ich begriff, daß er mich aus Versehen aufgesucht hatte. Meine Stelle ist nicht in jener Dachkammer. Sie ist irgendwo, in dem Kerker eines Gefängnisses, in einem jener bürgerlichen Salons voll Nippes und rotem Plüsch, in dem Wartesaal eines Bahnhofs. [...] Ich weiß wohl, daß er mich nicht liebt. Wie könnte er mich lieben. Und doch, ganz innen ist etwas, ein Punkt meiner selbst, der es nicht lassen kann, mit Furcht und Zittern zu denken, daß er mich vielleicht, trotz allem, liebt.«

Dieser schwer auszudeutende *Prolog* (am Ende ihres Lebens) könnte so gelesen werden, daß die erzwungene Loslösung von dem gnadenhaft Schönen und die schmerzliche Rückkehr in die bürgerliche Welt unabdingbar sind, genauer noch: sogar einen Befehl aus der übernatürlichen Welt darstellen.

Also ein Denken, Urteilen, Leben aus dem Übernatürlichen? Tatsächlich stabilisiert bei Weil das Ewige das Zeitliche: »Ein höchstes Gut, das heißt ein Gut, das jedes mögliche Gut einschließt. [...] Das bedeutet, daß es keine Unvereinbarkeiten zwischen verschiedenen Gütern gibt. Man verzichtet um des höchsten Gutes willen nicht auf ein begrenztes oder zweitrangiges Gut. [...] die Güter sind gut nur als Schatten des höchsten Gutes.« (*Cahiers* 4, 8) Niemals ist daher aus dem Auge zu verlieren das Ziel allen Tuns, das seit Platon formuliert ist: das Gute, oder in seiner politischen Verwirklichung: das Gerechte. Es wird jedoch nicht einfach als Transzendentes, sondern als wirklich und wirksam für die Welt, gegen das »Große Tier« der Ideologien, eingefordert: »Der Gegenstand meiner Suche ist nicht das Übernatürliche, sondern diese Welt. Das Übernatürliche ist das Licht.« (*Cahiers* 2, 49) Analog: »Man darf nicht vergessen, daß eine Pflanze von Licht und Wasser lebt, nicht von Licht allein. Es wäre also ein Irrtum, nur auf die Gnade zu zählen. Es braucht auch irdische Energie.« (*La connaissance surnaturelle*, 1950, 321)

Moralität und Humanität wurzeln in einer geistigen Gemeinschaft von einzelnen (niemals der Masse), die sich der fast unausweichlichen Verführung durch das Böse entziehen. Erst dann kann das Licht wirklich einbrechen. Sich freimachen ist die Einfallsstelle von Gnade; sie ist es, die die Notwendigkeit dieses irdischen Daseins bearbeitet. Nichts kann sich selbst von seiner Schwerkraft befreien, es sei denn durch götzenhaften Ersatz, den Raub von Freiheit.

So leistet Simone Weils Denken Kritik an der tauben Selbstherrlichkeit des Daseins. Immer ist es aufzubrechen oder wird bereits gebrochen, in der Regel unfreiwillig, durch Verwundung. Politischer Kampf gegen Ungerechtigkeit und Benachteiligung bleibt in dieser Hinsicht selbstverständlich Aufgabe des Handelns. Dennoch greift auch hier Weils Grundüberzeugung: Die eigentliche menschliche Verletzung kann überhaupt nicht in den Kategorien des politischen Wirkens und der gesellschaftlichen Gerechtigkeit bearbeitet werden. Eine solche Überschätzung des Irdischen hält die Wunde offen, statt sie zu schließen.

Die Wunde menschlicher Sklaverei kann wirklich nur im Übernatürlichen geheilt werden. Simone Weil lehrt einen Vorbehalt: Hiesiges Tun und Verändern erscheint zwar als notwendig, aber als vorläufig und kontingent. Eine solche Sicht entlastet keineswegs einfachhin, aber sie entzerrt das gewalttätige Verändern-Wollen. Säkulare Heilsideologien können so – im Blick auf Christus - immer erneut auf ihren totalitären Kern hin kritisiert werden. Simone Weils Analysen erlauben, ja fordern politische Optionen, verhindern aber Fundamentalismen, auch solche der »Befreiung«. Denn auch das Böse verspricht »Befreiung«. Aber die Nachfolge ins Leiden, die Weil wählt, verbietet Scheinlösungen und lenkt auf den wirklichen, wirksamen (Er-)Löser hin.

Simone Weil ist mit solchen ungewöhnlichen Gedanken in Frankreich in einen klassischen Rang als Philosophin, politische Denkerin und Mystikerin aufgestiegen, aber im deutschen Sprachraum muß sie trotz vieler Einzelarbeiten immer wieder gegenwärtig gehalten werden. Die relative Unbekanntheit liegt sicherlich einerseits an ihrem stark aphoristischen Denken, dessen innere logische Verknüpfung gesucht werden muß. Es liegt aber auch an ihren dunklen Themen, die ein langsames, eingehendes Lesen erfordern: das Böse, der Krieg, das Leiden. Und es liegt an ihrer Nähe zu Christus, die so unorthodox ist und ihn so eigenartig auch in anderen Religionen sucht und nicht selten befremdlich findet.

Es ist ein großer, dankenswerter Dienst, all die genannten Themen dieses fruchtbaren, scharfsinnigen Denkens für die gegenwärtige deutschsprachige Generation freizulegen und auch kritisch zu begleiten. Das vorliegende Werk leistet diesen Dienst mit dem sicheren Griff einer langjährigen gründlichen Einarbeitung in Simone Weil (gleichsam schon vom Vater Jacques Cabaud auf die Tochter übergegangen). Es gibt auch heute in technisch gesteigertem Maße die Versuchung, subjektlose Prozesse freizusetzen, für deren Steuerung niemand mehr zuständig ist. Der Schrei des Widerwillens gegen das »Große Tier« in all seinem Gestaltwandel ertönt in dieser Auslegung wieder mit überzeugenden Argumenten. Und es gibt auch heute einen Relativismus der Religionen, der die unvergleichliche Kraft der jüdisch-christlichen Offenbarung einebnen will. Bei Weil ertönt der Ruf nach Christus wieder mit aller persönlichen, hingebungsvollen Stärke.

Dank sei der Autorin für die Gedanken, die aus dem damaligen Zerfall in unsere Zeit hineingesprochen Mut machen, Mut aus ihrer Verankerung in einer göttlichen Macht. Das Buch öffnet die Augen – für die undurchschauten Verführungen und für die Schönheit, ja, die unwiderstehliche Freiheit Christi. Wer die mittlerweile alt gewordene Moderne überholen will, muß ihren Unglauben überholen.

*Hanna-Barbara Gerl-Falkovitz*

# Einleitung

> *»Getrieben von [dem Wissen] dieser [unendlichen] Distanz [zwischen Gott und Mensch], war Griechenland mit nichts anderem beschäftigt, als Brücken [von einem zum anderen] zu bauen [...] Wir haben einen Anteil an diesen Brücken geerbt und ihre Architektur überhöht. Aber wir glauben jetzt, dass sie dazu bestimmt sind, bewohnt zu werden. Wir wissen nicht, ob sie dazu da sind, überquert zu werden; wir wollen nicht wissen, wen wir auf der anderen Seite treffen könnten, wenn wir sie überkreuzen würden« (»En quoi consiste l'inspiration occitanienne?«* OC IV, 2, 417).[1]

Das Einbrechen des Übernatürlichen in ihr Leben war für die agnostische Philosophin Simone Weil (1909–43) undenkbar. Ihr Interesse galt den politischen Ereignissen und den Gewerkschaften; sie machte sich Gedanken über die Situation der industriellen Arbeiter, stand dem Kolonialismus kritisch gegenüber und war eine militante Pazifistin. Nichts von alledem, sollte man meinen, war eine Vorbereitung auf das blitzartige Eindringen einer anderen Realität, auf die Kundgebung von etwas ganz ande-

1 In: *Écrits de Marseille (1941–1942), Œuvres complètes*, Anisse Castel-Bouchouchi, Florence de Lussy (Hrsg.), Bd. IV, 2 (OC IV, 2), [Paris]: Gallimard, 2009, S. 414–424.

rem, nämlich dem Übernatürlichen. Aber dann wurde sie von diesem ganz anderen überwältigt. Diese Wirklichkeit, so erkannte sie, liegt außerhalb dieser Welt und hinterlässt nicht nur ihre Spur auf ihr, sondern ist das, was das ganze Universum zusammenhält. Beachtet man sie nicht, verzerrt sich die eigene Wahrnehmung. Sie sollte deswegen eine zentrale Stellung in Weils Philosophie einnehmen, dabei ihre vorherigen Interessen nicht verdrängen, sondern ihnen einen anderen Ansatzpunkt geben. Simone Weil entwickelte eine Wissenschaft des Übernatürlichen, deren rigorose Gesetze sie enthüllte, während sie alles von einer neuen, übernatürlichen Perspektive aus analysierte. Insofern wurde ihr Verständnis vom Bösen, dem Krieg, der Macht, der Gerechtigkeit grundsätzlich davon beeinflusst und gab ihr einen hermeneutischen Schlüssel, der ihr davor gefehlt hatte.

Eine rein immanente Welt, so wurde ihr bewusst, gibt es nicht. Es erschließen sich Zugänge, durch welche sich das Übernatürliche kundtut, wie auch Brücken, die dazu aufrufen, überquert anstatt missachtet zu werden. Letztendlich kommt es im Leben – ob man gläubig ist oder nicht – zu einer folgenschweren, wenigstens impliziten Wahl zwischen dem übernatürlichen unbedingt Guten und dem Bösen, oft in der scheinbaren Gestalt des Guten. Das Übernatürliche ist deswegen von äußerster Bedeutung für den Menschen, für ein erfülltes Leben, für das richtige Verständnis von Erziehung, Psychologie, Soziologie, Arbeit bis hin zum rechten Verständnis von Politik und Wissenschaft. Es gehört deswegen gründlich und von vielen Seiten untersucht. Man muss sich damit auseinandersetzen anstatt es, wie so oft in Philosophie, Kultur und Politik und in der gesamten zeitgenössischen westlichen Zivilisation, zu ignorieren.

In diesem Buch werde ich versuchen, die Anwesenheit, Merkmale und Sichtbarkeit des Übernatürlichen in so verschiedenartigen Themenbereichen wie dem totalitär Bösen, dem Krieg und der Vielfalt der Religionen nachzuzeichnen und schließlich das Übernatürliche per se in einem eigenen Kapitel zu untersuchen. Zuvor möchte ich allerdings in einer kurzen Einleitung Simone Weil als Mensch und Philosophin vorstellen, denn Leben und Werk kann man bei ihr nicht trennen. Ihr philosophischer Ansatz war existentiell und verlangte, sofort in die Tat umgesetzt zu werden, insofern sie etwas für wahr und gerecht hielt. Sie war daher kein bequemer Zeitgenosse, weder für ihre Freunde von rechts noch von links, und ist auch nicht in den üblichen Kategorien fassbar.

Aufgewachsen in einer jüdisch-agnostischen Familie, kam es für sie völlig unerwartet, als im November 1937 »Christus selbst herabstieg und sie ergriff«. Sie hatte sich als Jugendliche bewusst für den Agnostizismus entschieden, weil sie sich nicht vorstellen konnte, dass Gott zu ihr hinabkommen und einen engen Kontakt von Person zu Person herstellen würde (AD 45 u. 36–7).[2] Diese persönliche Offenbarung Gottes kam allerdings nicht völlig unvorbereitet, wie zum Beispiel im Falle des berühmten Konvertiten André Frossard (1915–1995), der keinerlei Interesse oder Sehnsucht nach einem sinnerfüllten oder wertbezogenen Leben gezeigt hatte. Simone jedoch suchte immer nach der Wahrheit und verzweifelte als Heranwachsende fast daran, sie je zu finden, da sie meinte, man müsse dazu ein Genie sein; dies glaubte sie jedoch – im Gegensatz zu ihrem mathematisch hochbegabten, älteren Bruder – nicht zu sein. Aber sie kam – ohne das Evangelium zu dem Zeitpunkt gelesen zu haben – zu der Erkenntnis, dass diejenigen, die Brot suchen, keine Steine empfangen, dass man nicht scheitert, wenn man die Wahrheit mit ganzem Herzen sucht (ebd. 39). Dabei

2 Simone Weil, *Attente de Dieu* (AD), [Paris]: Fayard, 1966.

lebte sie in radikaler Weise die Nächstenliebe und fühlte sich berufen zu einem Leben der Armut und Keuschheit (ebd. 39–40).[3]

Als Philosophielehrerin hätte sie sich ein bequemes Leben im Elfenbeinturm einrichten können; stattdessen teilte sie das Los der Unterdrückten. Dies erklärt die Anziehungskraft, die der Kommunismus auf sie ausübte, den sie später wegen seiner widersprüchlichen, utopischen und immanenten Prinzipien vernichtend kritisierte. Im Unterschied zu vielen anderen Linksintellektuellen beschloss sie, die Arbeitsbedingungen des Proletariats an sich selbst zu erkunden, indem sie für ein Jahr (1934/35) in verschiedenen Industrieanlagen arbeitete, um die Situation der Arbeiter von innen heraus zu erspüren und konstruktive Lösungen vorschlagen zu können. Diese Erfahrung schlug tiefe Wunden in ihr und zerstörte ihre schon schwache Gesundheit. »Dort empfing ich«, wie sie schreibt, »für immer das Zeichen der Sklaverei, ähnlich dem Brandzeichen, welches die Römer auf die Stirne ihrer geringsten Sklaven setzten« (AD 42). Als sie darauf mit ihren Eltern nach Portugal reiste, traf sie auf eine religiöse Prozession in einem armen Fischerdorf, wahrscheinlich am Gedächtnistag der Schmerzen Mariens, am 15. September 1935. Dort wurde ihr bewusst, dass »das Christentum schlechthin die Religion der Sklaven« ist und, dass sie selbst eben deswegen, de facto dazu gehört (ebd. 43). Anders als Friedrich Nietzsche sah sie das Christentum nicht als eine von Ressentiment getragene Reaktion der Schwachen gegenüber den Starken an, sondern als eine Religion, in welcher die Wahrheit über das Leid ihren Ausdruck findet, ohne dieses herunter zu spielen, falsche Lösungen

3 Zu ihrer Berufung, cf. S. 72, vor allem Fußnote 69 meines Buches Simone Weil's *Apologetic Use of Literature: Her Christological Interpretations of Ancient Greek Texts*, Oxford: Oxford University Press, 2007.

gegen das Leid anzubieten oder die Schwachen dafür verantwortlich zu machen. Bekanntlich wird das Elend gerne verdrängt, die Leidenden werden allzu oft übersehen. Doch wenn deren Schmerz, wie im Christentum, ernstgenommen und thematisiert wird, können sie sich in dieser Wahrheit wiederfinden, die sie innerlich befreien und ihnen das Gefühl ihrer eigenen Würde zurückgeben wird.

1937 besuchte Simone Weil Assisi, wo, in der Portiuncula in Santa Maria degli Angeli, »etwas, stärker als sie selbst, sie zwang, sich zum ersten Mal in ihrem Leben hinzuknien« (ebd.). Das war ihr erster Schritt zum Gebet hin oder vielleicht schon das Gebet einer Agnostikerin in actu, die eingesteht, dass es mehr als das nur Sichtbare gibt, nämlich jemanden, welcher der demütigen Anbetung würdig ist. Die Tatsache, dass sie sich während der Karwoche von 1938 in der benediktinischen Abtei von Solesmes aufhält, zeigt, wie sehr sie zu diesem Zeitpunkt schon die Anziehungskraft des Katholizismus verspürte. Von Migränen gepeinigt, kam sie zur Erkenntnis, dass man Gott nicht nur trotz des Leids, sondern durch das Leid und durch den Schmerz lieben kann, und »der Gedanke an die Passion Christi drang ein für allemal in sie ein« (ebd.). Dort, in der Abtei, traf sie auch einen jungen Engländer, der sie mit den metaphysischen Dichtern des 17. Jahrhunderts bekannt machte, besonders mit George Herberts Gedicht »Love III«. Dieser eucharistische Text beschreibt, wie die Seele, die sich ihrer Sündhaftigkeit bewusst ist, vor der Liebe zurückweicht, bis sie, von der Liebe umworben und eingeladen, das von ihr bereitete Mahl isst und trinkt. Später wird Simone Weil dieses Gedicht, während der schmerzintensivsten Anfälle von Migräne, mit der höchsten Konzentration rezitieren. Ohne sich dessen bewusst zu werden, hatte sich dieses Rezitieren in ein Gebet verwandelt. Und plötzlich, wie sie schreibt, »stieg Christus selbst hinab und nahm« sie (AD 44–5).

Simone Weil war nicht leichtgläubig. Sie war froh, die Mystiker nie gelesen zu haben, weil sie befürchtet hätte, ansonsten der Autosuggestion anheimzufallen. Aus dieser Sorge heraus fing sie auch in den nächsten Jahren nicht an zu beten. Gleichwohl veränderte diese mystische Begegnung ihre gedankliche Perspektive von Grund auf; die griechischen Klassiker, zum Beispiel, begann sie, neu und auf andere Weise zu verstehen. Diese, glaubte sie nun, waren nicht nur Kulturgüter, welche man aus sicherer Entfernung bewundern konnte, sondern Brücken, die überquert werden sollen. Sie entdeckte den Geist des Evangeliums in der Ilias und Christus in solchen Gestalten wie Antigone, Elektra oder Prometheus. Dies erlaubte ihr, Licht in das Dunkel der großen Krise zu bringen, welche mit dem Ausbruch des Zweiten Weltkriegs ihren Höhepunkt zu erreichen schien.

Mit ihrer Familie verließ sie Paris mit dem letztmöglichen Zug vor der Ankunft der Deutschen. Sie ließ sich schließlich in Marseille nieder, wo sie zwei bemerkenswerte Begegnungen hatte: mit dem Dominikanerpater Père Marie Joseph Perrin, welcher die Frage nach einer möglichen Taufe stellte, und mit dem philosophisch interessierten Gutsbesitzer Gustave Thibon. Beiden übergab sie ihren literarischen Nachlass, bevor sie im Mai 1942 Frankreich verließ und in die USA aufbrach. Mit der Veröffentlichung von *Pesanteur et grâce*, einer Auswahl von Zitaten aus ihren Notizbüchern, verhalf ihr Thibon zur Berühmtheit. Gemeinsam mit ihm beschloss sie im September 1941, das »Vater Unser« auf Griechisch auswendig zu lernen. Damit begann ihr Gebetsleben. Immer, wenn sie sich in das Herrengebet versenkte, hatte sie ein mystisches Erlebnis, und dies war täglich der Fall. Manchmal »rissen schon die ersten Worte ihren Geist aus ihrem Körper heraus, um ihn an einen Ort außerhalb des Raumes zu tragen, wo es weder Perspektive noch Blickpunkt gibt«. Die Unendlichkeit des Raumes, welcher sich vor ihr öffnete, war erfüllt von »Schweigen, einem Schweigen, das nicht die Abwesenheit eines Lautes ist, sondern Gegenstand einer klaren Wahrnehmung, noch bestimmter als ein Ton« (AD 48–9).

Um in Frankreich bleiben und mit den Franzosen deren Leid teilen zu können, plante Simone Weil selbst die Deportation als Jüdin zu riskieren; ihre Eltern jedoch wollten nicht ohne sie ins Exil gehen. Schweren Herzens folgte sie ihnen und kam im Juli 1942 in den USA an, wo sie sofort alle Hebel in Bewegung setzte, um ein Visum für England zu bekommen, damit sie in London für die *France Libre*, die freie französische Regierung unter de Gaulle, arbeiten könnte. Sie hoffte auf einen riskanten Auftrag in Frankreich, ein »Himmelfahrtskommando«, wo sie zum Beispiel politische Gefangene befreien wollte. Sie plante, eine Vereinigung von Krankenschwestern aufzubauen, die bereit waren, mit ihr zusammen an der Front eingesetzt zu werden und dort ihr Leben wagten, um den Verwundeten zu helfen. In dieser selbstlosen Liebe sah sie die richtige spirituelle Antwort auf den ideologischen Fanatismus der Nazis. Nach Hitlers Einmarsch in die Tschechoslowakei hatte sie ihrem Pazifismus schon abgeschworen, den sie jetzt zutiefst bedauerte. Denn gerade der weitverbreitete Pazifismus verhalf Hitler zu noch mehr Macht, während sich die Alliierten der Hoffnung auf einen falschen Frieden hingaben.

Ende 1942 kam sie nach Großbritannien, wo sie für die *France Libre* zu arbeiten begann, was eine sehr intensive Schreibphase eröffnete. Bedauerlicherweise überarbeitete sie sich und aß zu wenig, da sie nicht mehr zu sich nehmen wollte, als die Ration, die (wie sie vermutete) einem Franzosen in der besetzten Zone durchschnittlich zum Lebensunterhalt zugeteilt wurde. Ihre Unterernährung, zusammen mit der Tuberkulose, die in

London diagnostiziert wurde, führte schließlich im April des Jahres 1943 zum Zusammenbruch, und dann Monate später, am 24. August 1943, zu ihrem Tod. Ob sie davor getauft worden war, ist unklar, da die Zeugin, die behauptet, Weil getauft zu haben, nicht glaubwürdig genug ist und außerdem verschiedene Versionen zu diesem Geschehen in den Umlauf brachte. Simone Weils große Liebe zu Christus, ihre intensive Sehnsucht nach der Eucharistie (sie verbrachte viele Stunden in Anbetung vor dem heiligsten Sakrament) und die Tatsache, dass sie bis zum Ende mit den Gründen rang, die sie daran hinderten, um die Taufe zu bitten, deuten wenigstens in die Richtung einer Begierdetaufe.[4]

In dieser Einleitung wollte ich nur mit groben Strichen eine Skizze von Simone Weils spirituellem Werdegang erstellen, ohne den Anspruch zu erheben, ihrem facettenreichen Leben dabei gerecht zu werden.[5] Die Tatsache, dass sie eine Mystikerin war, bedeutet allerdings

4 Jahre nach Simone Weils Tod, soll eine Freundin – besorgt um deren Seelenheil – Padre Pio geschrieben haben, der auf ihre Frage geantwortet haben soll: »è una santa«. Diese Anekdote wird von Simone Pètrement, Simone Weils Freundin und Biographin, in ihren Notizen (welche in den Archiven der *Bibliothèque Nationale de Paris* zu finden sind), erwähnt ohne den Namen dieser Person bekannt zu geben, aber ist nicht in die gedruckte Biografie (Referenz siehe Fußnote 5 wie auch Fußnote 188) aufgenommen. Sicher ist, dass Simone Weil zu einem heroischen Ausmaß die Liebe zum Nächsten, Gott und der Wahrheit gelebt hat.

5 Standardwerke bleiben Jacques Cabaud, *Simone Weil: Die Logik der Liebe*, Freiburg: Karl Alber, 1968; Simone Pètrement, *Simone Weil: Ein Leben*, Ellen D. Fischer (Übers.), Leipzig: Leipziger Universitäts Verlag, 2008. Für eine kürzere, konzise Biographie, siehe Palle Yourgrau, *Simone Weil*, London: Reaktion Books, 2011.

nicht, dass sie nur gläubigen Menschen etwas zu sagen hätte. Im Gegenteil, sie wünschte Menschen, selbst Atheisten, für das Übernatürliche oder »diese andere Realität« –wie sie sich manchmal neutraler ausdrückte – die Augen zu öffnen. Sie zog übrigens Atheisten, wenn sie Gottes Existenz aus Wahrheitsliebe verneinen, mittelmäßigen und halbherzigen Christen vor. Im Gewebe der Wirklichkeit gibt es Öffnungen, durch die das Übernatürliche für wache Menschen erkennbar werden kann. In der Tat dachte Simone Weil, dass der Westen ohne diese Wendung zum Transzendenten nicht weiter bestehen könne. Schönheit, authentische Gerechtigkeit (ein Korrelat der bedingungslosen Liebe), mathematische Wahrheiten, Freundschaft und Liturgie haben alle den gleichen Ursprung und zeugen vom Übernatürlichen, auch wenn sich dessen Herkunft dem Hier und Jetzt entzieht.

Das Übernatürliche und was es auszeichnet, wie auch dessen Licht, welches es auf andere Bereiche, etwa auf das Böse, den Krieg oder die Religion wirft, ist der rote Faden, der sich durch diese Sammlung von Aufsätzen zieht. Das totalitäre Böse wurde zum größten Skandalon des 20. Jahrhunderts, und man hatte sich zu fragen, ob das Leben nach Ausschwitz jemals wieder zur Normalität zurückfinden könnte. Böses in einem solchen Ausmaß war vorher undenkbar. Kann es überhaupt in rein philosophischen Begriffen gedacht werden, ist die Philosophie historisch gesehen dafür gewappnet? Hannah Arendt verneinte dies, während Simone Weil, wie mir scheint, zufriedenstellende, wenn auch oft nur implizite Antworten gibt, die zeigen, dass dies schon möglich ist. Ihre übernatürliche Perspektive macht übrigens ihre Analyse des Bösen, wie es in totalitären Systemen auftaucht, nicht weniger zugänglich. Im Gegenteil! Hannah Arendt, die kein besonderes Interesse an Religion oder dem Übernatürlichen hatte, beschreibt das totalitär Böse in ähnlicher Weise wie die französische Philosophin. Aber die spirituellen Wurzeln, die Simone Weil zu Tage fördert, sind wesentlich, um es letztendlich verstehen zu können und um zu wissen, wie man darauf antworten soll. Insofern liefert Weil den Schlüssel für dessen Verständnis und notwendige Antwort darauf, wie man verhindern kann, dass neue totalitäre Regime entstehen.

In einem zweiten Aufsatz untersuche ich Weils Verständnis des Übernatürlichen, was dessen innersten Kern ausmacht, wie man es philosophisch analysieren, seine Existenz beweisen und denjenigen die Augen öffnen kann, die es nicht wahrnehmen. In der rationalistischen Tradition erzogen, liefert Simone Weil keine oberflächlichen Antworten. Gleichzeitig scheut sie nicht davor zurück, das Thema direkt anzugehen, ihre Leser damit zu konfrontieren und zu erwarten, dass diese sich darauf einlassen, denn entgehen können sie der Fragestellung sowieso nicht. Weil schält das Übernatürliche quasi heraus und führt den Leser zu ihm hin, indem sie seine wesentlichen Merkmale beleuchtet. Sie versucht, ihre Sprache für die Wirklichkeit des Übernatürlichen transparent zu machen, und schreibt deswegen mit größter Nüchternheit, indem sie sich selbst völlig zurücknimmt.[6] Interessanterweise ist eine ihrer wichtigsten Analysen des Übernatürlichen in einem ihrer Artikel über den Marxismus (»Y a-t-il une doctrine marxiste?«) zu finden.[7] Wenn man diese »andere Wirklichkeit« nicht

---

6 Florence de Lussy, »Marche de l'écriture, progression de la pensée«, in: *Cahiers Simone Weil* (CSW) 11, 2 (1988) S. 115–126, S. 119; Joan Dargan, *Simone Weil: Thinking Poetically*, Albany: SUNY, 1999, S. 2.

7 In: *Oppression et Liberté* (OL), Paris: Gallimard, 1955, S. 221–254.

in Betracht zieht, so Simone Weil, wird man letztendlich keine adäquate Antwort auf den fanatisierenden Einfluss der Ideologien finden.

Das Thema »Krieg« belastete sie ein Leben lang und ließ ihr keine Ruhe. 1909 geboren, war sie alt genug, sich noch an den Ersten Weltkrieg zu erinnern und, wie viele ihrer Generation, vom Kriegsgeschehen traumatisiert zu sein. Sie kam schließlich zu der Erkenntnis, dass ihr rationalistischer, aufgeklärter Ansatz unzureichend war. Ihren Pazifismus musste sie angesichts eines Größenwahnsinnigen wie Hitler aufgeben. Erstaunlicherweise gibt ihr die *Ilias* den Schlüssel, um die Dynamik des Krieges zu erklären, und sie sieht in dem Epos einen Spiegel der politischen Situation ihrer Zeit. Dank seiner übernatürlichen Perspektive konnte Homer die Dynamik der Machtverhältnisse so scharfsinnig zeichnen und Freund wie Feind gleichermaßen gerecht werden. Wie man in einem Gemälde den Standort des Malers auf Grund der Perspektive erschließen kann, so kann man die geistige Position des Schriftstellers von seiner Perspektive her erfassen.

Simone Weil war wahrscheinlich am spekulativsten, wenn sie ihre Ideen über die Vielfalt der Religionen und deren sogenannter Ähnlichkeit entfaltete. Ebenso wie sich ein fingierter posthumer Dialog mit Hannah Arendt als nützlich erwies, so stellte sich eine fiktive Debatte mit dem großen Theologen und späteren Papst Joseph Ratzinger als äußerst bereichernd heraus. Viele von Simone Weils Ansichten zu diesem Thema werden heute weitgehend geteilt, wie zum Beispiel die Idee, dass sämtliche Religionen, die in Art wie Sprachen das Gleiche ausdrücken, fähig sind, gleichermaßen zum Heil hin zu führen. Die Leser, so vermute ich, werden überrascht sein von der Art und der Anzahl der Übereinstimmungen zwischen der französischen Philosophin und dem deutschen Theologen. Gleichzeitig, so denke ich, beantwortet Ratzinger manche von Weils Fragen und wirft ein neues, kritisches Licht auf ihre Annahmen.

Man braucht kein Simone-Weil-Spezialist zu sein, um an diesem Buch Gefallen zu finden und Nutzen daraus zu ziehen, wiewohl auch der Kenner, wie mir scheint, durchaus neue Einsichten gewinnen kann. Die vorliegenden Aufsätze sind bereits in verschiedenen Zeitschriften erschienen, wenn auch nur zwei davon in deutscher Sprache. Das Essay zum Thema des Übernatürlichen und das andere die Vielfalt der Religionen sind jeweils auf Englisch und Französisch publiziert worden, bzw. sollen demnächst erscheinen. Ich habe sie übersetzt (wie auch alle in diesem Buch enthaltenen Weil-Zitate), wenn nötig aktualisiert oder weiter ausgearbeitet. Das Übersetzen verlangt nicht nur, einen Text in einer anderen Sprache wortgetreu wiederzugeben, sondern erfordert zudem, einer anderen Mentalität, verschiedenen Voraussetzungen und einem anderen Stil gerecht zu werden, was die zahlreichen Änderungen, die ich durchgeführt habe, erklärt.

Ich möchte allen danken, die mich dabei ermutigt haben, diese Aufsätze zu schreiben und dieses Buch fertigzustellen: meinem Mann Joseph sowie meinen Eltern, Jacques (ein namhafter Weil-Spezialist, der die erste ausführliche Biographie über sie geschrieben hat) und Rosemarie Cabaud, und schließlich meinen Freunden Maria Fedoryka und Sally Read. Ich möchte vor allem Hochwürden Manfred M. Müller meinen Dank aussprechen, der meine beiden Aufsätze über die Vielfalt der Religionen und das Übernatürliche im Deutschen stilistisch gründlich verbessert hat. Mein besonderer Dank gilt meiner Mutter, die nicht nur den ersten Aufsatz großenteils übersetzte, sondern das ganze Buch durchkorrigiert hat.

Auch Wolfgang Tschuschke hat mir freundlicherweise diesen Liebesdienst erwiesen. Schließlich möchte ich Frau Prof. Dr. Hannah-Barbara Gerl-Falkovitz meinen Dank aussprechen, die mich auf die Idee gebracht hat, diese Aufsätze in einem Band in deutscher Sprache herauszubringen, mir dabei half, den ersten und dritten Artikel zu veröffentlichen und freundlicherweise das Vorwort zu diesem Band geschrieben hat. Ich teile mit all diesen Menschen die Licht- und Schattenseiten des intellektuellen Lebens.[8]

Denn wie Simone Weil hervorgehoben hat, sollte jeder mit seinem ganzen Wesen die Enthüllung der Wahrheit ersehnen, so wie ein Diener die Ankunft des Herrn. Wenn sich das Denken und Schreiben auch manchmal wie eine »dunkle Nacht der Seele« anfühlen mag, so gilt es dennoch, gemäß Simone Weil, die Hoffnung nicht aufzugeben. Sie weiß, dass die Versuchung stark sein kann, schnelle und oberflächliche Antworten zu suchen, voreilige Schlüsse zu ziehen und der Tiefe und paradoxen Natur der Realität nicht gerecht werden zu wollen. In dieser Situation der Gefährdung standzuhalten, kann dem Durchleben – für Weil – einer Art von Kreuzigung gleichkommen und zudem bedeuten, im Prozess des Denkens und Schreibens Christus zu begegnen. Denn Er ist nicht nur die inkarnierte Wahrheit, sondern auch das »Lamm, das geschlachtet wurde« seit der Erschaffung der Welt (Offb. 13:8; OC IV, 2 241).

8 Liebenswürdigerweise haben mir folgende Verlage erlaubt aus den bei ihnen erschienenen Werken zu zitieren: der Piper-Verlag aus Hannah Arendts *Eichmann in Jerusalem*, die Verlagsgruppe Random House GmbH aus Joseph Ratzingers *Einführung in das Christentum*, Herder ebenfalls Joseph Ratzinger aus *Glaube-Wahrheit-Toleranz*, und der Paulinus-Verlag, der nun das Copyright besitzt, aus *Theologische Prinzipienlehre*.

Kapitel 1

# Die Banalität des Bösen aus der Perspektive Simone Weils mit einem Blick auf Hannah Arendt[9]

Als Hannah Arendts Buch *Eichmann in Jerusalem* im Jahre 1963 erschien, löste es eine Lawine der Empörung aus, weil sie mit ihrem Begriff der »Banalität des Bösen«, den sie auch als Untertitel benützte, den Ernst und das Grauen des Holocaust zu bagatellisieren schien. Die meisten ihrer Leser wussten nicht, dass Simone Weil, eine andere jüdische Philosophin, zwanzig Jahre zuvor in ähnlicher Weise vom Bösen gesprochen hatte, wenn auch in einem anderen Kontext. In ihrem Artikel »Morale et littérature« schrieb sie, »keine Wüste sei so trostlos, monoton und langweilig wie das Böse« (OC IV, 1 90).[10]

9 Dieser Aufsatz ist in einer kürzeren Fassung schon in dem *Jahrbuch für Religionsphilosophie* 11 (2012) (München: Verlag Karl Alber, S. 143–183) und auf Französisch in den *Cahiers Simone Weil* unter dem Titel »Le mal, est-il mystérieux ou banal?« erschienen (in: CSW 35,2 (2012) S. 255–278). Ursprünglich wurde er auf dem, von der »Association pour l'étude de la pensée de Simone Weil« organisierten Kongress vom 30. bis 31. Oktober 2010 in Paris zum Thema »Le surnaturel chez Simone Weil: philosophie, religion, science, société« als Vortrag gehalten. Er ist hier mit der freundlichen Erlaubnis von dem *Jahrbuch* und den CSW abgedruckt.

10 Simone Weil, »Morale et littérature«, in: *Écrits de Marseille, Œuvres complètes*, Bd. IV, 1 (OC IV, 1), Robert Chenavier *et al.* (Hrsg.), [Paris]: Gallimard, 2008, S. 90–95.

Man erwartet im Allgemeinen, dass das Böse entweder schrecklich, abstoßend und grausam oder aufregend, attraktiv und interessant ist. In Wirklichkeit kann das Böse, wie der Fall Eichmann zeigt, unendlich fade, in totalitären Regimen sogar erstaunlich banal sein.

Muss man nicht trotzdem vom Bösen als Mysterium sprechen, da es sich einem letzten Verständnis entzieht? Der heilige Augustinus versuchte vergeblich zu verstehen, warum er als Jugendlicher Birnen gestohlen hatte, welche weder reif noch gut waren und die er außerdem gar nicht brauchte. Warum tut man Schlechtes, wenn es niemandem nützt? Wie kann ein Mensch tausende und abertausende von Morden begehen ohne Mitleid und ohne Gewissensbisse? Kann man nach Auschwitz überhaupt noch in irgendeiner Form behaupten, dass das Gute das letzte Wort haben könnte?

Das Böse ist ein Geheimnis. Zugleich kann es aber auch banal, monoton und langweilig sein. Man gewöhnt sich daran, man passt sich an. Dieses Paradox kann aus Weilscher Sicht nur von einer höheren Perspektive her verstanden werden, von der aus gesehen, sich die beiden Aspekte miteinander verknüpfen.[11]

---

11 Dies ist eine von Simone Weil sehr geschätzte Vorgehensweise. Gegensätze, welche zunächst unauflöslich scheinen, ergänzen sich auf einer höheren Ebene. Man darf vor (scheinbar) widersprechenden Wahrheiten nicht die Augen verschließen, um dem Konflikt des Paradoxen zu entgehen – dies wäre vorschnell und außerdem verlogen. Erst wenn man die Gegensätze von einer höheren Ebene aus betrachtet, wird man sehen, dass beide koexistieren können. Sie werden dabei sogar zum Ausgangspunkt zur Erkenntnis dieser transzendenten Wahrheit: »Wenn sich zwei widersprechende Wahrheiten der menschlichen Intelligenz aufdrängen, so soll man sie als solche anerkennen und sie quasi wie zwei Arme einer Zange benützen, als Instrument, um indirekt mit dem Bereich der transzen-

Simone Weil und Hannah Arendt haben jede auf ihre Art das Problem des Bösen untersucht.[12] Trotz erstaunlicher Ähnlichkeiten in den Analysen gibt es aber auch

---

denten Wahrheit in Kontakt zu treten, welche für unsere Intelligenz unerreichbar ist« (OL 208-9; vgl. auch *Cahiers (juillet 1942 – juillet 1943): La connaissance surnaturelle (Cahiers de New York et de Londres), Œuvres Complètes*, Bd. VI, 4 (OC VI, 4), Marie-Annette Fourneyron *et al.* (Hrsg.), 2006, S.173). Außerdem »ist Widerspruch der Hebel zur Transzendenz« (OC VI, 4 177). Zum Beispiel könnte man meinen, dass die Allmacht und Allwissenheit Gottes einen Widerspruch zur menschlichen Freiheit darstellen, jedoch ist es die Liebe Gottes, welche ihn dazu bewegt, sich soweit zurückzuziehen, dass die menschliche Freiheit gewährleistet bleibt – so würde es Weil zumindest mit ihrem Begriff der »décréation« (des Rückzugs Gottes) ausdrücken (OC VI, 2 389, 401, 468; OC V, 2 340–1). Oder man könnte glauben, menschliches Leid würde Gottes Liebe und Allmacht widerlegen; Weil stellte weder die eine noch die andere Wahrheit in Frage, sondern erkannte, dass sich eine Synthese ihrer Erkenntnis entzog, sah darin ein Mysterium, von dem sie hoffte, es eines Tages durch ihr eigenes Leiden zu verstehen (»Lettres à Maurice Schumann« in: *Écrits de Londres et dernières lettres* (EL) [Paris]: Gallimard, 1957, S.185–215, S.213). Zum Thema des Paradoxen bei Weil, siehe Janet P. Little, »Contribution à une étude du paradoxe chez Simone Weil«, in: CSW 11, 2 (1988), S.105–114.

12 Auch wenn Weil häufig über das Böse spricht, sind ihre Überlegungen doch nur Fragment geblieben.
Arendt wollte ihre Aussagen zur Banalität des Bösen nicht als ausgearbeitete Theorie betrachtet wissen (Barry Sharpe, *Modesty and Arrogance in Judgment: Hannah Arendt's »Eichmann in Jerusalem«*, Westport/CT: Praeger, 1999, S.12). Auch wenn *Eichmann in Jerusalem* eine journalistische Arbeit ist, so kann man Arendts Aussagen über das Böse in totalitären Systemen doch philosophisch auswerten, was ich in diesem Artikel zumindest teilweise versuche zu tun.

wesentliche Unterschiede. Simone Weil geht das Problem letztendlich von einer übernatürlichen Perspektive aus an, welche Arendt prinzipiell ausschließt. In Weils Augen bleibt das Böse unverständlich, wenn man das Übernatürliche nicht mit einbezieht. Nur die absolute Reinheit, d.h. Gott selbst, kann eine ausreichende Antwort auf das Übel geben, indem es durch Leid in sein Gegenteil verwandelt wird, nämlich in Liebe. Allein das Kreuz, so wird sich zeigen, ist die endgültige Antwort auf das Böse.

Im ersten Teil dieses Kapitels vergleiche ich Weils und Arendts Gedanken über die Banalität und Monotonie des Bösen, und werde dabei zeigen, dass Weils Überlegungen häufig mit denen Arendts übereinstimmen, trotz verschiedener Ausdrucksweisen (»monoton« und »banal«) und fundamentaler Unterschiede in anderen Bereichen. Dabei wird klar werden, wie das Böse des Totalitären in gewisser Hinsicht banal und monoton, aber deswegen nicht weniger schrecklich oder geheimnisvoll ist. Danach wende ich mich der Frage der möglichen Motive für das Böse bei Weil zu, inwiefern die Entscheidung für das Böse endgültig ist, wie es überhaupt dazu kommen kann und was die richtige Antwort auf das Böse ist.

## Die Banalität des Bösen

Als Weils Artikel nach ihrem Tod im Januar 1944 in den *Cahiers du Sud* erschien, provozierte er keinen Aufschrei der Empörung wie Arendts Buch 20 Jahre später.[13]

13 Soweit ich weiß, kannte Arendt diesen Artikel Weils nicht. Nach Françoise Collin (»Les deux philosophes et le gros animal«, in: Michel Narcy, Étienne Tassin (Hrsg.): *Les catégories de l'universel: Simone Weil et Hannah Arendt*, Paris: l'Harmattan, 2001, S.29–52, S.29) erwähnt Arendt Weil nur in ihrem Buch *The Human Condition* (im Deutschen

Zum Teil lag dies wohl daran, dass der Kontext ein literarischer war; trotzdem hatten ihre Aussagen metaphysisches Gewicht und beschrieben die Merkmale des Bösen als solche und hätten zumindest theoretisch ihre Leser schockieren können.[14] Seit der Romantik, ja bereits zuvor, war das Böse idealisiert worden, und den Übeltätern wurden proteische Eigenschaften zugeschrieben, womit man ihnen eine Art Größe zuerkannte, welche das Gute nicht vermittelte. Schon Satan in Miltons Epos *Paradise Lost* oder später Mephisto in Goethes *Faust I* sind viel attraktiver als Gott. In mittelmäßiger Literatur ist diese Umkehrung der ästhetischen Gesetze von echtem Guten zu Bösem ganz augenfällig. Das Gute erscheint darin langweilig und dumm, während das Böse immer neue Vergnügungen verspricht.[15] Außerdem neigen wir dazu,

---

unter dem Titel *Vita Activa oder Vom tätigen Leben* erschienen) (*The Human Condition*, Chicago: Chicago UP, 1998 (1958), S. 131 Fußnote 83 u. 287 Fußnote 53). Darin bezieht sie sich auf folgende Schriften Weils: *La condition ouvrière* ((Espoir), [Paris]: Gallimard, 1951), und »Réflexions à propos de la théorie des quanta« (in: *Sur la science*, [Paris]: Gallimard, 1966, S. 187–209). Elisabeth Young-Bruehl schreibt in ihrer Biographie *Hannah Arendt: For Love of the World* (New Haven: Yale University Press,[2] 2004), wahrscheinlich habe der Ehemann Arendts, Heinrich Blücher, ihr die Idee der Banalität des Bösen suggeriert (330).

14 Außerdem war der Leserkreis der *Cahiers du Sud* ein sehr viel kleinerer als der von Arendt, und Weil war natürlich nicht so bekannt wie Arendt.

15 Gemäß Weils ästhetischen Prinzipien, welche sie vor allem in ihrem Essay »Morale et littérature« erklärt, findet diese Umkehrung des Erscheinungsbildes von Gut und Böse in großen Meisterwerken nicht statt. Dort erscheint das Gute als »schön, wunderbar, immerwährend neu, ewig überraschend« (OC IV, 1 90). Wenn auch Satan und Mephistopheles in Miltons und Goethes Werk attraktiver als Gott wirken, so hat damit das Böse noch

in einer Scheinwelt zu leben, die uns glauben macht, das Gute sei unattraktiv, und verwechseln dabei meist das Gute mit pharisäischer Selbstgerechtigkeit. Nur die Begegnung mit dem Heiligen oder dem extrem Bösen kann uns aus diesem Traum wachrütteln, da sie uns zwangsweise mit der Realität konfrontieren. Aber selbst das Böse in seiner extremen, totalitären Form kann, so würde Arendt sagen, banal sein, und Weil, so will ich zeigen, würde ihr zustimmen.[16]

---

nicht das letzte Wort. Gretchens Schicksal, zum Beispiel, stellt die Konsequenzen von Fausts egoistischem Handeln und Mephistopheles' gerissenem Intrigieren deutlich vor Augen, und ihr Gutsein ist viel ansprechender als die Bosheit der Letzteren.

16 In seinem Artikel »Simone Weil et Hannah Arendt« vergleicht Robert Chenavier (CSW 12, 2 (1989), S. 149–169) die beiden Denkerinnen. Hierin setzt er bei ihren unterschiedlichen Positionen zum Thema Arbeit an: Arendt sah im politischen Handeln den Höhepunkt menschlicher Existenz, während sie in körperlicher Arbeit nur einen notwendigen, lebenserhaltenden biologischen Prozess erkannte. Für Weil hingegen war körperliche Arbeit sehr bedeutsam, weil durch sie der Mensch mit der Notwendigkeit konfrontiert wird, die zu seiner fundamentalen Umwandlung in einem eucharistischen Sinne führen kann. In diesem unterschiedlichen Verständnis der Arbeit reflektieren sich für Chenavier zwei völlig verschiedene philosophische Haltungen und Auffassungen. Für Weil ist Philosophie die Erkenntnis der Wahrheit in der Begegnung mit der absoluten Notwendigkeit, während für Arendt das Urteilen an erster Stelle steht, welches im Austausch mit anderen geschieht, wie auch das Bewusstwerden der Kontingenz des menschlichen Handelns, welches immer aufs Neue überrascht. Aus dieser Haltung lassen sich wiederum ihre verschiedenen Theorien zum Thema Totalitarismus ableiten. Für Arendt ist der Totalitarismus ein völlig neuartiges Phänomen, welches den öffentlichen Raum eliminiert, in dem nor-

Aber auch Arendt sprach in ihrem Interview mit Joachim Fest am 9. November 1964 von der ästhetischen Verfälschung des Bösen, welche in den 20er und 30er Jahren stattfand. Bosheit wurde als interessant angesehen, Gutsein hingegen als eindimensional. Philosophisch wurde das Böse als fortschrittlich interpretiert, da es angeblich die Geschichte im Hegelschen Sinne vorwärtsbringen sollte. Und wer will schon dem Fortschritt im Weg stehen?[17] In ihrer posthum publizierten Vorlesung von 1964–65 »Some Questions of Moral Philosophy«, spricht Arendt davon, wie Philosophie und große Literatur in der Verzweiflung der Bösewichte oft etwas Edles zu erkennen glauben.[18] Diese Sichtweise hält sie für falsch, zumindest wenn es um das radikal Böse geht. Im Fall des radikal Bösen leidet der Übeltäter nicht daran, Böses getan zu haben, da er sich nicht einmal daran erinnert, Verbrechen begangen zu haben. Denn er war sich dessen zu keinem Zeitpunkt bewusst, dass seine Handlungen schlecht waren, und hat daher niemals irgendeinen Gedanken an sie verschwendet.[19] In dem Bösen deswegen etwas Großes und Aufregendes zu sehen, ist – so Arendt – deswegen eine gefährliche Lüge mit schlimmstmöglichen Konsequenzen. Denn wer will schon langweilig sein? In Wirklichkeit

---

malerweise politisches Handeln stattfindet. Für Weil, wie wir sehen werden, ist er eine Art von Idolatrie, welche schon immer in verschiedenen Formen existiert hat.

17 Hannah Arendt, *Eichmann war von empörender Dummheit: Gespräche und Briefe,* Ursula Lodz, Thomas Wild (Hrsg.), München: Piper, 2013, S.40f.

18 Hannah Arendt, »Some Questions of Moral Philosophy«, in: *Responsibility and Judgment,* Jerome Kohn (Hrsg.), New York: Schocken, 2003, S.49–146, S.94–5. Im Deutschen erschienen als: Ebd. *Über das Böse: Eine Vorlesung zu Fragen der Ethik,* Jerome Kohn (Hrsg), Ursual Ludz (Übers.), München: Piper, 2006.

19 Arendt, »Some Questions…« 95.

verhält es sich, wie auch Simone Weil behauptet, ganz anders, wobei die französische Philosophin – im Gegensatz zu Arendt – die Schönheit des Guten hervorhebt.

Arendt, welche dem Holocaust entkommen war, berichtete als Journalistin über den Eichmann-Prozess. Eichmann war verantwortlich für den Transport der Opfer der Endlösung und damit eine Schlüsselfigur der sogenannten »Endlösung«. Dieser Prozess zog die Aufmerksamkeit der ganzen Welt auf sich, und Arendts Reportage war eine Sensation.[20] Sie hatte versucht, diesen Mann auszuloten, ihn zu verstehen, soweit dies möglich war. Als sie ihre Eindrücke in einem Buch zusammenfasste, hatte sie wahrscheinlich nicht vorausgesehen, welchen Skandal der Untertitel ihres Buches erregen würde, was jedoch nicht der einzige Grund für die Kritik war, die man an ihr übte.[21] Nur einmal ganz am Ende verwendet sie diesen Be-

---

20 Der eigentliche Prozess dauerte vom 11. April bis zum 14. August 1961. Das Urteil wurde am 11. Dezember 1961 verkündet. *Eichmann in Jerusalem* erschien im Frühjahr 1963 (Seyla Benhabib, »Arendt's *Eichmann in Jerusalem*«, in: Dana Villa (Hrsg.): *The Cambridge Companion to Hannah Arendt,* Cambridge: Cambridge University Press, 2000, S. 65–85). Das Buch ist relativ komplex, da es mindestens drei Erzählebenen enthält. Die erste handelt von Eichmanns Prozess und seiner vorhergehenden Gefangennahme, die zweite von der Rolle des Judenrates bei der Endlösung, und die dritte war schließlich Arendts Versuch, das Verhalten des sogenannten »gewöhnlichen deutschen Bürgers« während des Dritten Reiches zu verstehen (Benhabib 68).

21 Auch wenn Arendt meinte, Eichmann verdiene hingerichtet zu werden, hinterfragte sie die Rechtmäßigkeit seiner Verhaftung in Argentinien durch den israelischen Geheimdienst, seine geheime Deportation und Israels Recht, ihm den Prozess zu machen. Anstatt im Prozess festzustellen, inwieweit Eichmann schuldig war, wurde das Ganze zum Schauprozess und wie eine An-

griff, wenn sie über Eichmanns letzte Worte schreibt: »In diesen letzten Minuten war es, als zöge Eichmann selbst das Fazit der langen Lektion in Sachen menschlicher Verruchtheit, der wir beigewohnt hatten – das Fazit von der furchtbaren Banalität des Bösen, vor der das Wort versagt und an der das Denken scheitert«.[22]

Wir wollen uns nun der Frage zuwenden, ob man je von der Banalität des Bösen sprechen kann, ohne es zu verharmlosen. Diese Untersuchung will unter anderem zeigen, dass Weil und Arendt das Böse unter einem ähnlichen Aspekt betrachten, wobei Weil auf den Begriff der Monotonie und Arendt auf den der Banalität zurückgreift. Dies wird deutlich werden in ihren Aussagen bezüglich der Metaphysik des Bösen wie auch in ihren Analysen seiner totalitären Manifestation, welche ich miteinander vergleichen werde.

## (1) Die Metaphysik des Bösen

Wie Weil in ihren Notizbüchern (*Cahiers*) feststellt, besitzt das Böse weder Tiefe noch Transzendenz wie das

---

klage gegen den Holocaust insgesamt geführt, an dem Eichmann sicherlich nicht allein schuld war. Schließlich wurde Arendts Kritik der Judenräte, welche gegen Ende des Naziregimes in die Deportation der Juden mit involviert waren, nicht besser aufgenommen als ihre anderen Punkte. Arendt wurde ein Paria und sogar von Gershom Scholem angeklagt, ihr Volk nicht wirklich zu lieben (vgl. Amos Elon in seiner Einführung zur englischen Ausgabe: »The Excommunication of Hannah Arendt« in: Hannah Arendt, *Eichmann in Jerusalem: A Report on the Banality of Evil,* Amos Elon (Einf.), London: Penguin, 2006, S. VII–XXIII; hier: S. XXI).

22 Hannah Arendt, *Eichmann in Jerusalem: Ein Bericht von der Banalität des Bösen* (EJ) Brigitte Granzow (Übers.), München: Piper, 1964, [4]2009, S. 371.

Gute (OC VI, 3 93).[23] An der Oberfläche mag es glänzend sein und unendliches Vergnügen versprechen. In Wirklichkeit aber schafft das Böse aufgrund seiner Ablehnung von Werten eine Leere, die den Menschen unbefriedigt lässt. Da es sich beim Bösen um eine Abwesenheit (*privatio*) des Guten, ja sogar um einen Aufstand gegen das Gute handelt, kann es keine tiefere Dimension besitzen. Das Gute dagegen ist unendlich und erschließt immer neue Aspekte seiner selbst, welche das Herz erfüllen. Da »nichts so schön, so wunderbar, nichts so immerwährend frisch und voll von Überraschungen, so süß und bezaubernd ist wie das Gute«, um Weil zu zitieren, wird man seiner nie müde (OC IV, 1 90). Das Böse jedoch ist endlich, und da es sonst nichts zu bieten hat, wird es unerträglich langweilig, sobald der Reiz der Neuheit verschwunden ist (OC VI, 3 350).[24] Seinen Mangel an Qualität gleicht es aus durch Quantität. Don Juan will immer mehr Eroberungen, der Geizige immer mehr Geld (OC VI, 2 253).[25] Aber diese unbegrenzte

23 Simone Weil, *Cahiers (février 1942 – juin 1942): La porte du transcendant*, Bd. VI, 3 (OC VI, 3), Alyette Degrâces *et al.* (Hrsg.), [Paris]: Gallimard, 2002.

24 »Was von Natur aus begrenzt ist, und das ist der Fall beim Bösen, hört von allein auf « (OC VI, 3 350).

25 Simone Weil, *Cahiers (septembre 1941 – février 1942), Œuvres complètes* Bd. VI, 2 (OC VI, 2), Alyette Degrâces *et al.* (Hrsg.), [Paris], Gallimard, 1997.

Während sich Weil nie über den endgültigen sittlichen Zustand eines anderen aussprechen würde (wenn es ein Leben nach dem Tod gibt, was für sie eine Hypothese bleibt, würde es nur Gott anheimfallen, ein gerechtes Urteil über einen Menschen zu fällen), so verwendet sie doch Beispiele, um die Versklavung des Menschen exemplarisch zu verdeutlichen, welcher Gott nicht an oberste Stelle setzt, sondern Idolen dient, und damit *per definitionem* im Unrecht ist. Abgesehen davon – wie ich hinzufügen würde –, dass Don Juan unzählige Frauen durch

Begierde nach mehr und mehr bedeutet nicht, dass das Böse in sich selbst unendlich ist, sondern nur, dass es keine Struktur und keine Tiefe besitzt. Nur das wirklich Unendliche, nur Gott oder das absolut Gute kann das Formlos-Böse begrenzen.[26] Ähnlich sagt Arendt: »Ich bin in der Tat heute der Meinung, dass das Böse immer nur extrem ist, aber niemals radikal, es hat keine Tiefe, auch keine Dämonie. Es kann die ganze Welt verwüsten, gerade weil es wie ein Pilz an der Oberfläche weiterwuchert. Tief aber und radikal ist immer nur das Gute.«[27]

Diese Begrenztheit oder falsche Unbegrenztheit erklärt die Fadheit des Bösen, was keinen Widerspruch zu seiner Furchtbarkeit darstellt. »*Monotonie des Bösen: nichts Neues, alles ist* ÄQUIVALENT. *Nichts Reelles; alles ist imaginär* [...] Auf Grund dieser Monotonie spielt die *Quantität* eine solch wichtige Rolle [...] Verdammt zur falschen Unendlichkeit. Das ist die Hölle selbst« (OC VI, 2 253).[28]

---

seine Lust ausschließlich zum Gegenstand degradiert und ihnen damit Böses zufügt, ist er letztendlich der Betrogene, denn er glaubt, mit jeder Eroberung seiner Lust Genüge zu tun und bleibt doch immer unzufrieden.

26 »Das Böse ist unbegrenzt, aber dieses Böse, das unbegrenzt ist, ist endlich« (OC VI, 3 139). »Das Böse ist unendlich im Sinne von unbestimmt: Materie, Raum, Zeit. Über diese Art von Unendlichkeit kann nur das wirklich Unendliche siegen. Deswegen ist das Kreuz eine Waage, wo ein zarter und leichter Körper, der aber Gott war, das Gewicht der ganzen Welt hochgehoben hat« (ebd. 119).

27 Brief von Arendt an Gerschom Scholem, 20. Juli 1963, in: *Nach Ausschwitz: Essays und Kommentare*, Bd. 1, Eike Geisel (Hrsg., Übers.), Berlin: Tiamat, 1989, S. 71–79, S. 78).

28 Diese Monotonie wird unerträglich, ja sogar höllisch. Mit der eigenen Gier, Kleinlichkeit, Rachsucht oder der von anderen ein Leben lang oder sogar in alle Ewigkeit konfrontiert zu werden, wie es in der Hölle der Fall wäre, ist grauenhaft. Die Hölle ist übrigens in einem ge-

Diese unerträgliche Monotonie der ewigen Wiederkehr desselben, immer und immer wieder, ist der Preis der Zügellosigkeit. Denn das Böse erwächst nach Weil aus der Ausschreitung, genauer gesagt daraus, den Forderungen der Moral mit ihren absoluten Gesetzen nicht nachzukommen. Sich der Maßlosigkeit hinzugeben heißt, sich der Schwerkraft des Bösen auszuliefern.[29] Dann fallen die Menschen auf sich selbst zurück. Da aber nur Gott wirklich kreativ ist, wie Weil fortfährt (oder der Mensch, wenn er in der Kunst an dieser göttlichen Kreativität Anteil erhält), bleibt nichts anderes übrig als völlige Leere und gedankenlose Wiederholung.[30]

Diese »falsche Unendlichkeit« des Bösen, wie Weil sie nennt, hat nur scheinbar etwas mit der wahren Unend-

---

wissen Sinne nur der bleibende Zustand einer irdischen Geistesverfassung in alle Ewigkeit.

29 Für das Denken Simone Weils ist der Begriff der Schwerkraft (*pesanteur*) zentral, zumindest zu Beginn ihrer Notizbücher (*Cahiers*). Diese geistige Schwerkraft herrscht über die Seele, außer es wirkt eine andere Kraft dagegen, nämlich das Übernatürliche oder die Gnade. Ohne die Gnade wird der Mensch das tun, was ihm leichter fällt, was ihm egoistisches Vergnügen bereitet; er wird sich von seinen Instinkten und seinem Charakter leiten lassen, von seinen inneren Reflexen sozusagen, und wird sich anderen gegenüber rein reaktiv verhalten. Selbst der moralisch wache Mensch wird seine Reaktionen ohne Einfluss der Gnade letztlich nicht unterbinden können; denn der menschliche Wille allein ist nicht stark genug, um sich diesem Einfluss der Schwerkraft zu widersetzen. Später verwendet Weil statt des Begriffs der Schwerkraft lieber den der Macht (*force*), welche die Welt und damit auch die Seelen der Menschen regiert.

30 »Das Böse ist die Zügellosigkeit, und deswegen ist es monoton; man muss alles aus sich selbst herausholen. Nun ist es dem Menschen nicht gegeben zu kreieren. Es wäre ein schlechter Versuch, Gott nachzuahmen« (OC VI, 2 256).

lichkeit des Guten oder Gottes gemein; in Wirklichkeit sind sie einander diametral entgegengesetzt. Letztere offenbart die Liebe auf immer neue Weise, überrascht und beglückt immer aufs Neue (insofern ist nichts weiter von der Wahrheit entfernt als die Idee, dass der Himmel fade sei), während Erstere einem nur mehr des Gleichen anbietet (noch eine Eroberung für Don Juan, noch mehr Geld für den Geizkragen – überrascht werden Letztere nie sein, nur zunehmend frustriert und von ihrer eigenen Sucht angeekelt).[31]

Das Böse ist natürlich nicht nur wegen dieser monotonen Immanenz entsetzlich, sondern kann es schon rein wegen seines Ausmaßes sein.[32] Angesichts des Holocaust und anderer Völkermorde ist man sprachlos.

---

31 Wie Michel Sourisse in seinem Artikel »Sur une aporie concernant le problème du mal chez Simone Weil« (in: CSW 19, 2 (1996), S.177–198) zeigt, ist das Böse nur insofern unendlich, als es sich, dem Gesetz der Schwerkraft folgend, so schnell und weit wie möglich ausbreitet, und sich außerdem durch die Kraft der Einbildung scheinbar ins Unendliche strecken kann (189–193). Er zieht Descartes heran, um Weils Unterscheidung zwischen der eigentlichen Unendlichkeit und der unbestimmt formlosen Unendlichkeit des Bösen klarer zu machen. In seiner Antwort auf die Einwände von Caterus unterscheidet Descartes zwischen der eigentlichen Unendlichkeit, welche in keiner Weise eine Begrenzung erfährt – in diesem Sinne ist nur Gott unendlich – und den Dingen, wie Zahlen und Raum, welche unbestimmt und nicht in jeder Hinsicht unendlich sind (185). Das Böse ist, wie Sourisse zeigt, auch in anderer Hinsicht endlich, denn es ist kontingent; es hätte in Weils Augen genauso nicht existieren können, wenn sich die von Gott geschaffenen Geschöpfe anders entschieden hätten (187).

32 Arendt hat übrigens die Existenz des radikal Bösen niemals verneint. Am Ende von *Elemente und Ursprünge totaler Herrschaft*, zum Beispiel, spricht sie von den Konzentrationslagern als einem »radikal Bösen« – und fügt

### (2) Eichmann war ein Spießer

Doch sind Täter solcher Art von Verbrechen, wie Eichmann, häufig unbedeutend und mittelmäßig.[33] Nichts ist natürlicher als sich treiben zu lassen, der Schwerkraft nachzugeben und sich auf die sich bietenden Gelegenheiten einzulassen. Dort, wo man glaubt, seiner Pflicht in außergewöhnlicher Weise nachzugehen, tut man sich nur durch seinen Konformismus hervor. Dem Prestige und der Macht folgend unterwirft man sich dem Zeitgeist. Wahre Originalität hingegen gehört nach Simone Weil zum Guten und besteht darin, einem ganz anderen Gesetz als dem des Zeitgeistes und der Mehrheit zu folgen, dem Gesetz einer anderen Welt, einem übernatürlichen Gesetz: nämlich dem Moralgesetz, welches der Gerechtigkeit folgt, was in Weils Augen nichts anderes als die Liebe ist.

Hannah Arendt wiederum berichtete, wie Eichmann die Erwartung des Gerichts und der Zuschauer enttäuschte. Man hatte ein Monster, einen Satan in Menschenge-

---

in der englischen Version hinzu – »einem bis dahin uns nicht Bekannten« (*Elemente und Ursprünge totaler Herrschaft: Antisemitismus, Imperialismus, totale Herrschaft*, München: Piper, 2017 (1986), S. 916; *The Origins of Totalitarianism*, Orlando/Fl: Harcourt, 1994 (1966), S. 443).

33 Nach Benhabib bezog sich Arendt mit dieser »›Banalität des Bösen‹ auf die *spezifische Beschaffenheit von Verstand und Charakter* des Täters, aber nicht auf die Verbrechen selbst noch die Prinzipien hinter diesen Verbrechen« (Benhabib 74).

Nach Elon ist die Banalität des Bösen bei Arendt einem Mangel an Einsichtsfähigkeit zuzuschreiben: »Das Böse entsteht aus einem Unterlassen des Denkens. Es entzieht sich dem Denken, denn sobald der Verstand versucht, sich mit dem Bösen zu beschäftigen und die Voraussetzungen und Prinzipien, aus denen es entsteht, zu untersuchen, wird er frustriert, weil dort nichts zu finden ist. Das ist die Banalität des Bösen« (Elon XIV).

stalt erwartet. Aber wie Arendt in *Eichmann in Jerusalem* schreibt, »konnte jeder sehen, dass dieser Mann kein ›Ungeheuer‹ war, aber es war in der Tat sehr schwierig, sich des Verdachts zu erwehren, dass man es mit einem Hanswurst zu tun hatte«.[34] Er war ein mittelmäßiger Bürokrat, eigenständiger Gedanken unfähig, außerstande, die Schlechtigkeit seiner Handlungen zu erkennen. Barry Sharpe drückt es in *Modesty and Arrogance of Judgement: Hannah Arendt's ›Eichmann in Jerusalem‹* folgendermaßen aus: »Was Arendt als banal bezeichnet, war wohl, dass Eichmann, der Verbrecher, nicht zu seinen Verbrechen passte.«[35] Im Gegensatz zur romantischen Weltanschauung ist das Böse niemals großartig, originell oder interessant. Böses in seiner äußersten Form bedarf nicht der Genialität, nur der Gerissenheit, der Fähigkeit, auf glaubwürdige Weise zu lügen, und des organisatorischen Geschicks. Aber selbst, wenn ein genialer Mensch Verbrechen begeht, begeht er sie in Weils Augen ungeachtet seines Genies, ja untergräbt es sogar.[36]

34 Arendt EJ 132.

35 Barry Sharpe schreibt außerdem: »Während Arendt die Monstrosität von Eichmann herunterspielte, wollte sie damit nicht ausdrücken, dass das, was er tat, und die Konsequenzen seiner Taten nicht entsetzlich und monströs gewesen wären« (2).

36 »Es gibt aber auch dämonische Genies. Auch sie haben ihre Reife. Da aber die Reife eines Genies sich in Übereinstimmung mit der wahren Beziehung von Gut und Böse entfaltet, so ist das Werk der dämonischen Reife das Schweigen. Rimbaud ist Beispiel und Symbol dafür« (OC IV, 1 93).

Man könnte natürlich einwenden, dass das Genie (wenn es sich nicht um den Bereich der Kunst, sondern dem der Strategie und Führung handelt), falls es Böses begeht, von seinen Talenten profitiert und Teil seines Erfolges darauf zurückzuführen ist. Allerdings könnte man auch erwidern, dass die absolute Verwerfung von allem

## (3) Die Macht der Ideologie

Man kann nicht umhin sich zu fragen, wie mittelmäßige Menschen wie Eichmann, die nicht von extremen Leidenschaften wie Rache oder Verbitterung getrieben werden, solche Gräueltaten begehen können. Simone Weil hätte darauf geantwortet, Grund dafür sei die Ideologie, letztendlich eine Form der Idolatrie. Während Hannah Arendt in der ersten Version ihres Buches *The Origins of Totalitarianism* von 1951 und noch mehr in der letzten von 1966, die Bedeutung der Ideologie anerkannte, unterschätzte sie deren Rolle im Eichmann-Prozess. Sie war, wie wir heute wissen, Eichmann auf den Leim gegangen. Sie glaubte ihm, dass er die Juden nicht hasste und kein Ideologe war, sondern nur Befehlen gehorchte. Arendt hatte damals noch nicht die Dokumente zur Hand, in die wir heute Einsicht haben, die sie eines Besseren belehrt hätten. Außerdem war Eichmann Verhöre gewöhnt; er hatte selbst viele geleitet, und insofern war er ein sehr cleverer Lügner. In ihrem ausgezeichneten Buch, *Eichmann vor Jerusalem: Das unbehelligte Leben eines Massenmörders,* hat Bettina Stangneth dies alles nachgewiesen. Nur der Zugang zu den Argentinien-Papieren, d.h. seiner Autobiographie und dem vollständigen Sassen-Interview hätte Hannah Arendt dies erschließen können.[37] Wahrscheinlich reagierte Arendt auch auf die reißerischen Biographien über Eichmann zu ihrer Zeit,

---

Guten letzten Endes kontraproduktiv ist und sich das Genie damit sein eigenes Grab gräbt. Man könnte weiterhin argumentieren (was hier nicht möglich ist), dass deswegen ein totalitäres System letztendlich irgendwann implodieren muss; Eichmanns Beschreibungen davon, wie die verschiedenen Büros und Dienststellen im Dritten Reich gegeneinander gearbeitet haben, deuten darauf hin, wie sich solch ein Regime selbst untergräbt.

37 Zürich: Arche, 2011, S. 17, 20–21.

die ihn zu einem von Kindesbeinen an pervertierten Sadisten reduzierten.[38] Arendt hingegen legte eine viel größere Objektivität an den Tag, wurde ihm aber trotzdem nicht gerecht, beziehungsweise nur zum Teil.

Stangneth beweist, dass Eichmann eifrig darum bemüht war, Juden zur Schlachtbank zu führen. In seinem berühmten Interview mit Willem Sassen in Argentinien, der selbst ein ehemaliges Mitglied der Waffen-SS war, bedauerte er es, dass nicht 10,3 Millionen Juden umgebracht worden waren, wie die Reichs-Statistiker fälschlicherweise geschätzt hatten.[39] Er war am Boden zerstört, als der dänische Widerstand ihn daran hinderte, in Dänemark die Juden in Lager zu überführen.[40] Er organisierte die Deportation von über 437.000 der 750.000 ungarischen Juden und war besessen davon, alle ermordet zu sehen, obwohl Himmler im Hinblick auf die vorauszusehende Niederlage und den Verhandlungen mit den Alliierten lieber davon absehen wollte.[41] Zu Recht war Eichmann zum Koordinator der Wannsee Konferenz ernannt worden; außerdem behauptete er, den Begriff »Endlösung« erfunden zu haben.[42] Er soll Aussagen wie »Ich bin ein Bluthund!« und »Ich lasse die Mühlen von Auschwitz mahlen!« gemacht haben.[43] Wie Theodor Grell, der Berater jüdischer Angelegenheiten an der Botschaft in Budapest berichtet, soll er sich damit gebrüstet haben,

38 Sie antwortete damit auf die Behauptung des Staatsanwaltes, dass Eichmann eine »satanische Persönlichkeit« habe (David Cesarani, *Becoming Eichmann: Rethinking the Life, Crimes, and Trial of a ›Desk Murderer‹*, Cambridge/MA: DaCapo, 2006 (2004), S. 2–3).

39 Stangneth 392. Deborah Lipstadt, *The Eichmann Trial*, New York: Schocken, 2011, S. 67.

40 Stangneth 68, 324.

41 Cesarani 12–13.

42 Stangneth 53f., 59.

43 Stangneth 80.

6 Millionen Juden getötet zu haben, und dass er darauf hoffe, zum »Kriegsverbrecher Nummer 1« in den Augen des Feindes zu werden. In seiner letzten Rede an seine Kollegen vor dem Ende des Krieges sagte Eichmann, dass er »freudig in die Grube springen würde«, da er dort das Los mit Millionen Juden teilen würde.[44]

### *Erfahrung im spanischen Bürgerkrieg im Sommer 1936 – Brief an Bernanos 1938*

Ideologie macht solch ein Verhalten und solche sittliche Blindheit möglich. Simone Weil hatte dieses Phänomen im Spanischen Bürgerkrieg beobachtet. An Georges Bernanos schrieb sie, ihre Erfahrungen hätten sie gelehrt, es gebe nichts Universelleres als Barbarei. Ihre ansonsten freundlichen und anständigen anarchistischen Kameraden töteten völlig willkürlich und lachten noch darüber, wenn sie später davon sprächen (EHP 222f.).[45] »Nicht die Tatsache, dass man schlimmstes Übel begeht, sondern dass man es begeht, ohne darin etwas Böses zu sehen, ist Barbarei«, schreibt Emmanuel Gabellieri in seinem Buch

44 Stangneth 83, 86.

45 »Lettre à Bernanos«, in: *Écrits historiques et politiques,* [Paris]: Gallimard, 1960, S. 220–224.

In dem Fragment »Réflexions sur la barbarie« schreibt Weil: »Ich würde vorschlagen, die Barbarei als einen permanenten und universalen Charakterzug des Menschen anzusehen, der sich mehr oder minder entwickelt, je nachdem, wieviel Spielraum ihm die Umstände einräumen« (in: *Écrits historiques et politiques: vers la guerre (1937–1940), Œuvres complètes,* Bd. II, 3 (OC II, 3), Simone Fraisse (Hrsg.), [Paris], Gallimard, 1989, S. 222–225, S. 223).

Für eine Analyse Weils zum Thema der Barbarei s. Emmanuel Gabellieri, »Psychologie du ›Gros Animal‹ et philosophie de la barbarie chez Simone Weil«, in: CSW 9, 3 (1986), S. 260–285.

*Être et don.*[46] Barbarei heißt, Verbrechen zu begehen an einem Schwächeren, ohne dass der Täter die geringsten Gewissensbisse empfindet. In Weils Augen sind alle menschlichen Wesen potentiell der Barbarei fähig, wenn keine äußere Macht oder Gesetze sie daran hindern. Die-

46 Emmanuel Gabellieri, *Être et don: Simone Weil et la philosophie,* Leuven: Peeters, 2003, S. 209. Darin, wie auch in dem eben zitierten Artikel der vorhergehenden Fußnote, vergleicht Gabellieri knapp Weils und Arendts Analyse des Bösen in totalitären Systemen und sieht darin sehr deutliche Übereinstimmungen (wobei er sich in seinem Artikel auf Arendts Buch Elemente und Ursprünge totalitärer Herrschaft konzentriert, während ich hauptsächlich *Eichmann in Jerusalem* verwende). Banal wird das Böse im totalitären Staat, weil die Masse der Menschen, ohne Bezug auf das eigene Gewissen und damit der Moral, Befehlen gehorchen, welche mörderisch sind (208–214). Während Arendt allerdings nicht auf die religiöse Dimension des Totalitarismus eingeht, ja sie sogar in ihrer Diskussion mit Erich Voegelin verneint, erkennt Weil, gemäß Gabellieri, in ihrer Analyse zwei Ebenen des *gros animal* (großen Tieres) von Platon (siehe dazu auch Fußnote 53). Zum einen steht das gros animal für die Dynamik der Massen, welche jegliche Reflexion und moralische Entscheidung unmöglich macht; zum anderen steht es auch für die »Anbetung« der Macht in der Kollektivität als solcher und beinhaltet damit ein religiöses Gefühl (212f.). Da Arendt sich in ihrem Buch über die Ursprünge des Totalitarismus (geschrieben von 1946 bis 49, publiziert 1951) auf das Verwaltungssystem des Dritten Reiches, seiner Konzentrationslager wie auch auf den Terror Stalins konzentriert, übersieht sie in Gabellieris Augen dessen pseudo-religiöse Dimension, welche vor allem in den 30er Jahren noch sichtbar war, als die Macht selbst zum Idol wurde und der Verwaltungsapparat im Prozess war, sich zu etablieren (214). Ich würde allerdings einwenden, dass Arendts säkulare Einstellung es ihr unmöglich machte, die religiöse Wurzel des totalitären Übels zu erkennen; dies würde aber einer längeren Analyse bedürfen.

se unmenschliche Einstellung wird ermöglicht durch eine veränderte Wahrnehmung der Wirklichkeit, worin im Schwachen nicht mehr ein menschliches Wesen, sondern nur noch ein Ding, eine Sache gesehen wird. Dieser Prozess ereignet sich zumeist unbewusst und infiziert sogar Menschen, die man für anständig gehalten hätte.

So gibt es keine bestimmten Personen, die allein fähig wären, monströs zu handeln. Jeder ist potentiell ein Barbar, außer er erlaubt es, sich von der Gnade verändern zu lassen. Weil übt in ihrem Essay »Cette guerre est une guerre de religions« an ihren eigenen französischen Kameraden von der *France libre* in England scharfe Kritik: »Was uns an ihnen [den Deutschen] so grauenhaft erscheint, sind unsere eigenen Gesichtszüge, nur vergrößert« (EL 102).[47] Die Umstände, die passende Gelegenheit und der Zeitgeist können zur Ausbreitung der Barbarei beitragen. Jedoch die Grundbedingung dafür ist nach Weil die vorhergehende Ablehnung des Moralgesetzes.

### *Der Verlust der Moral und die Scheinwelt der Doxa*

Diese Ablehnung drückt sich entweder in Genusssucht aus, auf die bald der Überdruss folgt, oder in Idolatrie, wo um eines Idols willen alles erlaubt ist. In letzterem Falle empfinden die Menschen ihre Taten nicht mehr als unmoralisch, schrecklich oder monströs. Denn das Idol hat einen moralisch neutralen Bereich geschaffen, in dem es möglich und sogar erwünscht ist, manche Menschen wegen ihrer Rasse, ihrer politischen oder religiösen Überzeugungen zu töten. Die Ideologie, welche nichts anderes ist als die Idolatrie einer Idee, einer Nation oder einer Rasse, rechtfertigt diese Handlungen und macht die Menschen blind. In anderen Bereichen haben

47 In EL: S. 98–108.

die Menschen noch eine Art moralisches Empfinden bewahrt und halten sich deshalb für anständig.[48]

Indem man den Kompass der Moral aufgibt, verliert man sein Orientierungsvermögen und wird, nach Weil, sprichwörtlich verrückt (EL 99). Auch wenn Eichmann vom Gericht nicht im medizinischen Sinn für geisteskrank erklärt wurde, so konnte man doch sehen, dass er den Bezug zur Realität verloren hatte. Die Richter bezichtigten ihn, nur »leeres Gerede« vorzubringen. Während die Richter dachten, er tue dies mit Absicht, erkannte Arendt, dass er nicht anders konnte.[49] Eine echte Kommunikation war mit ihm nicht möglich, denn er hatte einen wesentlichen Teil der Realität aufgegeben, wie Weil sagen würde, ohne den das Universum seine Achse verliert, nämlich das Moralgesetz. Die in der Na-

48 Wie C.S. Lewis in *The Abolition of Man* (New York: HarperCollins, 2001 (1944)) schreibt, verlieren Menschen, die das Moralgesetz aufgeben, letztendlich auch ihre moralische Sensibilität und damit ihre Menschlichkeit; sie werden Menschen ohne Herz. Sie werden von innen heraus ausgehöhlt, und was sie sagen, bedeutet gar nichts mehr, ganz wie Eichmann, der nicht anders konnte als sich nur noch in Klischees auszudrücken. Eichmann hatte die Fähigkeit verloren, sich schuldig zu fühlen und Reue zu empfinden. Er war Zeuge von grausigen Morden an der Ostfront gewesen und hatte sie, wie er selbst sagte, nicht ertragen können. Jedoch brachte es ihn nicht dazu, mehr Mitgefühl für die Leiden der Opfer zu haben oder mit dem Regime nicht länger zu kollaborieren. Stattdessen vermied er soweit wie möglich, noch einmal Zeuge solcher Massaker zu sein (Arendt EJ 172–176). Die Konfrontation mit diesem grausigen Morden wäre für Eichmann die Gelegenheit zu einem moralischen Erwachen gewesen, aber er nutzte sie nicht und verschlimmerte damit seine sittliche Blindheit.

49 Arendt EJ 124f., 130f.

zi-Partei vorherrschende Verlogenheit, die Tag für Tag gebrauchten Euphemismen (von der »Endlösung« zu den »medizinischen Angelegenheiten«, wenn man von der Vergasung sprach), wurde so sehr zu seiner zweiten Natur, dass es ihm und seinen Kollegen unmöglich wurde, darüber hinaus noch etwas anderes zu sehen.[50] Die Schattenwelt, die er um sich errichtet hatte, wurde seine Realität, in der er nun gefangen war. Simone Weil würde nichts Außergewöhnliches in diesem Phänomen selbst sehen, nur in dem Ausmaß, das es in jemandem wie Eichmann erreicht hatte. Denn alle Menschen sind nach Platons Höhlengleichnis in ein Schattenreich verbannt. Und nur durch Gnade, die Hilfe eines Mentors und den heroischen Mut, über die eigene, vertraute Welt hinauszuschauen, und die Bereitschaft, den Schmerz, den dies verursacht, zu ertragen, kann man der Schattenwelt und den damit verbundenen Hirngespinsten oder Phantasien entkommen. Denn wir leben in »einem Wachtraum, bevölkert von unserem Geschwätz«, in welchem »wir uns mit unseren Lügen amüsieren«, schreibt Weil in dem Artikel »Morale et littérature« (OC IV, 1 92).

Eichmanns Verteidiger, Richter und Ankläger sprachen daher aneinander vorbei. Sie konnten sich nicht vorstellen, dass ein »durchschnittlicher, ›normaler‹ Mensch, der weder schwachsinnig noch eigentlich verhetzt, noch zynisch ist, ganz außerstande sein solle, Recht von Unrecht zu scheiden«, und schlossen stattdessen daraus, dass er ein Lügner sei.[51] Jedoch meinte Arendt ganz treffend, »dass unter den Umständen des Dritten Reiches nur ›Ausnahmen‹ sich noch so etwas wie ein ›normales Empfinden‹ bewahrt hatten«, weil es heroischen Mutes und großer Klarsicht bedurfte, um das Gefühl für Richtig und Falsch zu bewahren, denn das ging gegen den Strom der

50 Ebd. 149–51, 170–71.
51 Ebd. 100.

Kultur im allgemeinen.[52] Weil die Masse der Menschen von der *doxa* (Meinung) und nicht von der Wahrheit regiert wurde, wie Weil es ausdrückt, waren sie auch nicht fähig, die Aufhebung der Werte, die damals stattfand, zu erkennen. Nur das heroische Festhalten an der Wahrheit, was eine schmerzhafte Umgestaltung verlangt – nämlich nach Platons Höhlengleichnis das Losreißen von den Ketten, das Gebrauchen der eigenen verkümmerten und steifen Glieder, um den steilen Pfad aus der Höhle heraus zu erklimmen –, ließe ein solches Wahrnehmungsvermögen zu (OC IV, 2 97–99). Wer versucht, die anderen Gefangenen von ihren Ideologien zu befreien, indem er in die Höhle zurückgeht und von einer anderen Realität Zeugnis ablegt, läuft Gefahr, gekreuzigt zu werden, wie Platon es ausdrückt. Für die Höhlenbewohner scheinen diese Querdenker zumindest Verrückte, wenn nicht Verbrecher zu sein. Paradoxerweise fühlen die Mitläufer sich ihnen moralisch weit überlegen.[53]

52 Ebd.

53 Weils Interpretation von Platon kann man vor allem in ihrem Essay »Dieu dans Platon« finden (in: OC IV, 2 75–130). Die Masse der Menschen folgt dem Zeitgeist und befindet sich damit im Bereich der »Meinung«. Sie hat keinen direkten Kontakt zur Wahrheit, welche nur dem Einzelnen möglich ist, der bereit ist, leidend auszuharren, bis sich ihm die Wahrheit offenbart und er genügend gereinigt ist, um sie erkennen zu können (er muss also erst aus der Höhle heraussteigen und sich dann an das blendende Licht der Sonne gewöhnen, bevor er die Wahrheit, d. h. auch das Gute, sehen kann). Selbst wenn jemand zufälligerweise die richtige Meinung vertritt (richtig in dem Sinne, dass sie nach der traditionellen Definition von Wahrheit *adequatio mentis et rei* mit der Realität übereinstimmt), handelt es sich dabei noch um kein Wissen (ebd. 87). Denn der eigentliche Kontakt zur Realität fehlt und damit auch die Fähigkeit, die Intelligibilität der Wahrheit zu erfassen. Stattdessen richtet

## (4) Das Böse als Pflicht

Wenn man sich von Ideologien leiten lässt, hat dies den Vorteil, dass die eigenen Motive oft weniger kleinlich erscheinen, weil der Gehorsam dem Regime gegenüber als Pflicht auftritt. Eichmann war von Ehrgeiz zerfressen und frustriert, keinen höheren Posten in der Partei erreichen zu können. Doch hatte er den Eindruck, von einem edlen Idealismus bewegt zu werden, so dass er stolz sagen konnte, »er [hätte] seinen eigenen Vater in den Tod geschickt [...], wenn das verlangt worden wäre«.[54] Es ist

---

man sich nach den anderen und ist damit den Fluktuationen der Trends ausgesetzt. Der Einzelne geht dabei in der Masse unter, und wird Teil des *gros animal* – wie Weil es, Platon folgend, nennt – was andere mit sich zieht. Die Masse kann aber auch auf einen charismatischen Führer hereinfallen, der ihre Vorlieben kennt und weiß, wie er ihr schmeicheln soll. Glaube (im religiösen Sinne) ist übrigens nach Weil keine Meinung, sondern ist »die zustimmende Unterordnung aller natürlichen geistigen Kräfte unter die übernatürliche Liebe« (LR 65; OC VI, 4 114). Glauben ist daher keine Aufhebung der Intelligenz, kein sich Mitreißen-Lassen (wie vom *gros animal*), sondern die Annahme eines Mysteriums, welches einem zwar nicht völlig verschlossen bleibt und mit der Zeit etwas weniger opak wird, aber einen trotzdem übersteigt. Das Übernatürliche wird die Intelligenz des Menschen zuerst blenden – und Weil vergleicht gerne die dunkle Nacht der Seele des Johannes vom Kreuz mit Platons Höhlengleichnis in ihrem Aufsteigen aus der Dunkelheit in das ungewohnte, blendende Licht der Wahrheit (OC IV, 2 99; OC VI, 4 278f.). Die Seele muss im Glauben ausharren, damit sich das Mysterium mit der Zeit etwas lichtet.

54 Arendt EJ 117. Dieser Ehrgeiz führte schließlich zu seiner Gefangennahme, als er mit seiner Vergangenheit prahlte, weil er in Argentinien unter seinem Mangel an Bedeutung litt (ebd. 108, 122–124).

interessant zu beobachten, wie dieser Pseudo-Idealismus sich eines Menschen von so kleinem Format bemächtigen konnte. Eichmann war im Studium und auch in seiner professionellen Laufbahn vor seinem Parteibeitritt wenig erfolgreich gewesen, aber sein eifriges Pflichtbewusstsein gab ihm ein Gefühl der Überlegenheit seinen Kollegen gegenüber. Diese Korrektheit in seinem Amt hielt er für bewundernswert und führte ihn dazu, diesen unmenschlichen Befehlen zu gehorchen.[55]

---

In ähnlicher Weise meinen manche, auch Judas sei ein politischer Idealist gewesen. Er war zwar auch gierig, stahl aus der gemeinsamen Kasse der Apostel und nahm die dreißig Silberlinge. Aber das war nicht wirklich der Hauptgrund für seinen Verrat. Wäre Jesus ein politischer Messias gewesen, wäre Judas wahrscheinlich nicht versucht worden, ihn in den Tod zu schicken. Wollte er Christus durch die Festnahme dazu zwingen, seine wahren Ziele zu verfolgen und eine Revolte zu initiieren? Oder war er wütend auf ihn, weil er seine Erwartungen nicht erfüllt hatte? Das bleibt Spekulation (Benedikt XVI. spricht von diesen möglichen Motivationen in seiner »Katechese vom 18. Oktober 2006«) (http://w2.vatican.va/content/benedict-xvi/de/audiences/2006/documents/hf_ben-xvi_aud_20061018.html).

55 Wie Claudia Koonz im Prolog zu ihrem Buch *The Nazi Conscience* schreibt: »Diejenigen, die Antisemitismus populär gemacht und den Völkermord geplant hatten, folgten einer zusammenhängenden Reihe strenger ethischer Maximen, die von umfassenden philosophischen Ideen abgeleitet waren. Als moderne Säkularisten verneinten sie sowohl die Existenz eines göttlichen Moralgesetzes als auch die eines angeborenen ethischen Imperativs. Weil sie glaubten, die Konzepte von Tugend und Vergehen hätten sich aufgrund der Bedürfnisse bestimmter ethnischer Gruppen entwickelt, verneinten sie die Existenz universeller moralischer Werte und warben für moralische Maximen, die der arischen Gesellschaft gemäß waren. Anders als die Moralphilo-

Das Böse kann also, wie Weil in ihren *Cahiers* immer wieder schreibt, als Pflicht erscheinen (OC VI, 2 65, 103, 110). Das klingt seltsam, denn normalerweise präsentiert sich das Böse als Versuchung; es nicht zu begehen bedeutet, auf ein Vergnügen zu verzichten. Auch Arendt beschreibt dieses weit verbreitete Phänomen im Nazi-Deutschland in ähnlicher Weise: »Im Dritten Reich hatte das Böse die Eigenschaft verloren, an der die meisten Menschen es erkennen – es trat nicht mehr als Versuchung an den Menschen heran. Viele Deutsche und viele Nazis […] haben wohl die Versuchung gekannt, *nicht* zu morden, *nicht* zu rauben, ihre Nachbarn *nicht* in den Untergang ziehen zu lassen […] Aber sie hatten, weiß Gott, gelernt, […] der Versuchung zu widerstehen.«[56] Eichmanns Gewissen hatte sich dadurch von der Realität noch ein Stück weiter entfernt.[57] Dass er es als schwer empfand, manche Befehle auszuführen, hielt er – vielleicht nach dem Kant'schen Ideal – für einen Beweis, richtig zu handeln.[58]

---

sophen des frühen 20. Jahrhunderts, die im kulturellen Relativismus ein Argument für Toleranz sahen, kamen die Nazi-Theoretiker zu einem ganz anderen Schluss. In der Annahme, kulturelle Vielfalt sei der Nährboden für Feindseligkeit, machten sie die Überlegenheit ihrer eigenen Gesellschaftswerte für alle anderen geltend« (1).

56 Arendt EJ 249.

57 Im Gegensatz zu Seyla Benhabib Behauptung, dass »Arendts Beitrag zu moralischen und juristischen Überlegungen in diesem Jahrhundert sich nicht in der Idee der ›Banalität des Bösen‹ finde« (76), möchte ich behaupten, dass Arendt (und Weil vor ihr) eine bemerkenswerte Einsicht in das Böse hatte, wobei Weil tiefer in das Thema eindringt als Arendt.

58 Arendt EJ 233f. Das Pflichtgefühl, auch wenn es ein falsches ist, gibt dem Menschen wieder einen Halt, welchen er verloren hatte, als er sich von der Moral loslöste. Auf gewisse Weise wirkt es der Leere entgegen, welche das

### (5) Das Böse wirkt banal, wenn es Teil der »Normalität« wird

Wie schon gezeigt, lässt Ideologie das Böse banal erscheinen. Was zuvor eindeutig als verabscheuungswert und menschenverachtend eingeschätzt worden wäre, wird plötzlich normal und alltäglich. Die Deportation von Menschen auf Grund ihrer Rasse, Religion oder politischen Überzeugungen wird hingenommen, und nur wenige stellen sich dagegen. Wenn diese Aktionen darüber hinaus den Anschein der Legalität annehmen, werden sie noch leichter akzeptiert.

Interessanterweise waren die Deutschen im allgemeinen, wie Claudia Koonz in ihrem Buch *The Nazi Conscience* schreibt, weniger antisemitisch als die Bevölkerung

---

Böse schafft und in der es begangen wird. Ein Musterbeispiel für dieses moralische Vakuum ist der *acte gratuit*, wie er von Gide in *Les Caves du Vatican* beschrieben wird; im *acte gratuit* wird etwas um seiner selbst willen, ohne besondere Motivation, ohne Versuchung, ohne Vergnügen daraus zu ziehen, getan. In Gides Roman wirft Lafcadio den ihm unbekannten Amadé Fleurissoire aus dem Zug, schlicht und ergreifend, weil er es tun kann. Er verfällt der Anziehungskraft des Nihilismus, bei dem es keinen Unterschied macht, ob man einen Mord begeht oder nicht, eine gute Tat verrichtet oder nicht; weder das eine noch das andere ist mehr oder weniger wertvoll oder verachtenswert, und kann deswegen ohne Skrupel begangen werden. Weil stand Gides Buch deswegen sehr skeptisch gegenüber und warf dem Autor vor, die Jugend zu verderben (Weil zieht nicht in Erwägung, dass Gide diesen acte gratuit alles andere als attraktiv darstellt. Lafcadio ist nach dem Mord verzweifelt, und nicht nur, weil er Gefahr läuft gefasst zu werden.) Die Anziehungskraft des Nihilismus ist gewaltig, und erlaubt dem Menschen – im Gefüge des Totalitarismus – mit seiner Vorspiegelung von »Pflicht«, welche in Wirklichkeit die Nötigung zum Unrecht ist, wieder einen, wenn auch falschen, Halt zu finden.

in Frankreich, Großbritannien, Italien oder Rumänien. Aber durch den Einfluss pseudowissenschaftlicher Propaganda änderte sich dies bis 1939.[59] Die Akzeptanz der Nazi-Doktrin von Seiten der Akademiker, wie Heidegger, dem politischen Denker Carl Schmitt und dem protestantischen Theologen Gerhard Kittel gab ihr außerdem noch eine Aura von wissenschaftlicher Respektabilität.[60] Denn bereits der bloße Anschein von Legalität und Wissenschaftlichkeit hilft dem Bösen, sich als normal und banal darzustellen.

Weils und Arendts Aussagen zur Banalität des Bösen lassen sich folgendermaßen zusammenfassen: für Weil ist das Böse ästhetisch gesehen banal; nur in zweitrangigen, verlogenen Kunstwerken erscheint es attraktiv. Denn das Böse ist nicht erfrischend neu wie das Gute. Es beruht lediglich auf einer Verweigerung und wird dadurch schnell abstoßend und monoton, sowohl in echter Kunst als auch in Wirklichkeit. Metaphysisch betrachtet besitzt das Böse für sie weder Transzendenz noch Tiefe. Seine Unendlichkeit besteht nicht in sich ewig erneuernder Kreativität, sondern in nicht endender Wiederholung. Es ist genau diese ermüdende Wiederholung, zumal ohne den Glanz von Prestige oder Vergnügen, mit welcher die Seele in der Hölle konfrontiert wird. In einer Gestalt wie Eichmann ist nach Arendt das Böse schon allein wegen der Mittelmäßigkeit dieses Mannes banal; sein Format scheint nicht zu den Taten, die er vollbracht hat, zu passen, die Arendt in ihrer moralischen Schrecklichkeit und ihren entsetzlichen Konsequenzen nicht herunterspielt. In totalitären Systemen wird das Böse zur (oft unangenehmen) Pflicht und präsentiert sich damit nicht mehr als Versuchung. Das Morden wird alltäglich und damit banal und verliert in den Augen des durchschnittlichen Bürgers seine

59 Cambridge/MA: Harvard UP, S. 9.

60 Koonz 48–49 u. 68.

Furchtbarkeit, besonders wenn es noch den Anschein der Legalität und Wissenschaftlichkeit annimmt. Insofern kann man sagen, dass Weil und Arendt zumindest teilweise versucht haben, den gleichen Aspekt des Bösen herauszuarbeiten.[61] Arendts Begriff der Banalität kommt in vieler Hinsicht Weils Monotonie des Bösen nahe, wobei man die Unterschiede zwischen den beiden Denkerinnen nicht herunterspielen darf.[62]

---

61 Man könnte übrigens weitergehen und mit Miklos Vetö (wie er es in seinem Buch *La métaphysique religieuse de Simone Weil* darlegt) sagen, dass das Böse absolut zentral für Weils Denken ist, da der Mensch in ihren Augen durch die Erbsünde tief getroffen ist, was ihre Anthropologie, Ontologie und Theologie fundamental bestimmt (Paris: L'Harmattan, ²1997). Weils Philosophie, gemäß Vetö, ist ganz darauf ausgerichtet zu zeigen, wie dieser Bruch zwischen Gott und Mensch und im Menschen selbst geheilt werden kann. Nur durch die Gnade und die Bekehrung des Menschen (ein Begriff, den Weil übrigens selbst kaum verwendet) kann dies geschehen. Es ist diese Metaphysik der Bekehrung, welche Vetö versucht in seinem Buch nachzuzeichnen (13, 17). Durch die »Ent-Schaffung« (*dé-création*) des Menschen, d.h. das Aufgeben seines egoistischen Eigenwillens und seines Pochens auf seine Autonomie, ahmt er Gott nach, der sich auch in seinem Schöpfungsakt und später am Kreuz völlig zurückgenommen hat, um seinen Geschöpfen Raum zu geben. Dies ist ein wichtiger Punkt, der allerdings im Rahmen dieses Kapitels nicht weiter untersucht werden kann.

62 Arendts Ansatz war säkular. Sie sah Totalitarismus nicht als ein spirituelles Problem. Für Weil hingegen war Totalitarismus eine Form von Idolatrie und damit primär ein religiöses Problem. Deswegen wird für Weil Gott der Ansatzpunkt in ihrer Antwort auf das Böse sein, was man von Arendt nicht behaupten kann. Wie Chenavier in seinem Artikel »Simone Weil und Hannah Arendt« behauptet, gibt es für den Menschen bei Hannah Arendt keine Transzendenz (163).

Bevor wir eine adäquate Antwort auf das Böse suchen, sei die Aufmerksamkeit auf Motivationen für das Böse gerichtet, welche Simone Weil aufführt.[63]

## Motivationen für das Begehen von Bösem

»Es könnte sein, dass Laster, Verdorbenheit, Verbrechen fast immer […] Versuche sind, das Gute, das nur betrachtet werden sollte, zu verzehren. Eva hat damit begonnen« (AD 156). Die erste vom Menschen begangene Sünde ist paradigmatisch für alle anderen, denn sie sagt etwas Wesentliches über unseren Zugang zur Realität aus. Treten wir zu unserer eigenen Befriedigung, um unserer eigenen Wünsche willen mit der Welt in Beziehung, oder verneigen wir uns vor dem Guten und der Schönheit, indem wir die Selbstverleugnung akzeptieren, die dafür nötig ist? Ersteres bedeutet, dass wir uns in unsere eigene Selbstbezogenheit einsperren und es versäumen, die Welt unserer eigenen Wünsche zu transzendieren. Das zweite bedeutet, sich zurückzunehmen, um einen Akt der Bewunderung, des Respekts und der Liebe zu setzen. Dies sind die beiden fundamentalen Richtungen, in die sich der Mensch entwickeln kann; die eine schließt die andere aus, und nur die zweite bringt ihn zur Entfaltung.

Traditionellerweise werden Begierde und Stolz als die zwei Wurzeln der Sünde angesehen. Begierde ver-

63 Von nun an wird sich dieses Kapitel fast ausschließlich der französischen Philosophin widmen und nur ab und zu einen Vergleich mit Arendt ziehen, nicht nur weil dieser Artikel hauptsächlich von Weils Ansatz zum Bösen handeln soll, sondern auch weil nun das Denken der beiden Philosophinnen sich scharf voneinander absetzt. Arendts Säkularismus, wie auch die Tatsache, dass ihre Anthropologie nicht die spirituelle Dimension des Menschen miteinbezieht, sind dabei die Hauptunterschiede.

mittelt Lust, die Frucht im Garten Eden zu essen, während der Stolz das Individuum daran hindert, eine Autorität außerhalb seiner selbst anzuerkennen, vor der er sich beugen sollte – sei es die Autorität Gottes oder zumindest die Forderung eines Wertes wie der Schönheit, sie um ihrer selbst willen zu bewundern. Ein Weg, das Böse an der Wurzel abzuschneiden, wäre allein schon, der Schönheit zu erlauben, sich vor den eigenen Augen zu entfalten, ohne den Versuch zu unternehmen, sie zu verzehren. Der Begierde wird damit Einhalt geboten und dem Stolz auch, indem man eine Autorität außerhalb seiner selbst anerkennt, und weder das Schöne noch das Gute (*bonum*) zu seiner eigenen Befriedigung benützt. Don Juan würde in diesem Fall die Schönheit der Frauen wahrnehmen (sogar noch mehr), aber sie nicht zu Mitteln seiner Selbstbefriedigung erniedrigen, und er könnte die Würde der Frauen, die um ihrer selbst geliebt werden wollen, respektieren. Anstatt ein Sklave seiner Lust zu werden und in dieser selbst-konstruierten und immanenten Welt seiner eigenen Wünsche zu leben, würde er lernen, sich zu transzendieren, indem er sich bestimmten absoluten Normen unterwerfen würde.

Jedoch liegt der Ursprung der Sünde nach Weil noch tiefer als der Wunsch, das, woran man Gefallen hat, zu verzehren: »Es ist nicht die Suche nach Vergnügen oder die Abneigung vor der Anstrengung, die zur Sünde führen, sondern die Angst vor Gott« (OC VI, 3 351). Aber wird Gottesfurcht nicht allgemein als der Beginn aller Weisheit betrachtet? Weil allerdings meint eine andere Art von Furcht – nicht eine Achtung, welche sich in Liebe verwandeln könnte, sondern eine Angst, die den Menschen weg von Gott führt. »Man weiß, dass man ihn [Gott] nicht von Angesicht zu Angesicht schauen kann, ohne zu sterben, und man will nicht sterben« (ebd.). Keiner kann dem lebendigen Gott begegnen, ohne zu sterben, ohne sich selbst zu sterben, ohne seinen Sünden zu sterben, seiner Eitelkeit, seiner falschen Überheblichkeit und seinem Wunsch nach Autonomie. Vergnügen und Schmerz sind in Weils Augen daher nur Ausreden, um sich von Gott abzuwenden, und falsche Güter nur ein Vorwand, sich dem Bösen zuzuwenden. »Das Fleisch ist nicht das, was uns von Gott fernhält, vielmehr ist es der Schleier, den wir vor uns hinhalten als Schild zwischen uns und Gott« (ebd. 352). Dies erinnert an Pascal, der in den *Pensées* schreibt, die Menschen jagten abwechselnd hinter Ehren, Positionen, Geld und Frauen her, während diese nur ein Schild seien, den sie vor sich hielten, um zu verbergen, dass sie auf den Tod zueilen.[64]

Die Alternative zu dieser gedankenlosen Flucht ist die Bereitschaft, die eigene Mittellosigkeit und Sündhaftigkeit im Lichte absoluter Vollkommenheit, nämlich im Lichte Gottes, zu sehen. Das ist der Weg der Reinigung, der *via purgativa* des mystischen Lebens, den man durchschreiten muss, um Gott zu schauen; wenn wir diesen Weg nicht in diesem Leben gehen, so müssen wir ihn,

64 »Wir rennen unbekümmert auf den Abgrund zu, nachdem wir etwas errichtet haben, das uns daran hindert, ihn zu sehen« (Blaise Pascal, *Pensées, Œuvres complètes*, Jacques Chevalier (Hrsg.), La Pléiade, [Paris]: Gallimard, 1954, Nr. 226 [27]). »Daher kommt es, dass das Spiel, die Gesellschaft von Frauen, der Krieg und hohe Positionen so begehrt werden. Nicht dass in ihnen das Glück gefunden werden könnte oder dass der Mensch glaubt, wahres Glück ist Geld, das man im Spiel gewinnen kann, oder Hasen, hinter denen man herjagt: man möchte sie nicht als Geschenk. Wir suchen nicht nach einem leichten und friedlichen Gebrauch dieser Dinge, wo wir über unser unglückliches Menschendasein nachdenken können, noch nach den Kriegsgefahren, noch nach den Mühen des Berufes, sondern wir suchen die Betriebsamkeit, die uns von diesen Gedanken ablenkt und uns zerstreut« (Nr. 205 [210]).

nach katholischer Lehre, im nächsten durchlaufen. Wie die Mystiker berichten, ist dies ein unsagbar schmerzhafter Vorgang, und daher muss es nicht verwundern, dass die Seele alles unternimmt, um ihn zu vermeiden. Unter der »Angst vor Gott« als Motivation zum Bösen versteht Weil die Angst vor der Selbsterkenntnis und vor dem völligen Nacktsein im Angesicht des absolut heiligen und guten Gottes. Man wirft sich in den Rausch des Vergnügens und jagt seinen Idolen nach, um dieser Begegnung mit Gott, der einen durchleuchtet, zu entgehen.

Sich dem Bösen zuzuwenden ist daher eine Möglichkeit, dem Leiden aus dem Weg zu gehen. Simone Weil schreibt in den *Cahiers*: »Der Mensch besitzt (vielleicht?) die Fähigkeit, sein ganzes Leiden in Sünde zu verwandeln, um auf diese Weise den Schmerz nicht zu fühlen« (OC VI, 3 207).[65] Jean-Luc Marion analysiert in dem Artikel »Le mal en personne« das Böse auf ähnliche Weise. Das Böse folgt der Logik des Leidens. Ich bin verletzt worden und möchte meinen Schmerz abschütteln, indem ich ihn einem anderen auflade, gleichgültig ob diese andere Person für meinen Schmerz verantwortlich ist oder nicht. Denn der Schmerz, den man mir zugefügt hat, »wirft mich in eine Subjektivität ›ohne Türen und Fenster‹, in der nur eines zählt, nämlich mein Schmerz und das, wozu mich der Schmerz inspiriert«[66]. Wer leidet, fühlt sich unschuldig und erhebt Anklage; er versucht dabei, das Übel auf jemand anderen zu übertragen, ohne zu bemerken, dass er dabei selbst böse wird. Auch Simone Weil zeigt, wie der Übeltäter seine Sünden nicht als solche erkennt. Je

65 Oder auch: »Die böse Handlung ist eine Übertragung der eigenen Degradierung auf einen anderen. Deswegen neigt man dazu wie zu einer Befreiung« (OC VI, 3 349).

66 Jean-Luc Marion, »Le mal en personne«, in: *Prolégomènes à la charité: Les essais*, Paris: Éditions de la Différence, 32007, S. 15–47, S. 17.

tiefer er ins Böse eintaucht, desto weniger wird es für ihn sichtbar (AD 103; OC VI, 3 349f).

Der einzige Weg, dies zu vermeiden, ist, an dem Bösen zu leiden; ob es sich nun um das Böse in dem Sinn handelt, dass man es erlitten hat oder um das Böse, das man begehen möchte. »Jedes Verbrechen ist eine Übertragung des Bösen von dem, der handelt, auf den, der es erleidet.« Und sie schreibt weiter: »Man muss [...] [das Böse] aus den ungereinigten Bereichen unser selbst in die reinen übertragen [...] und es dabei in reines Leiden umgestalten« (OC VI, 3 353). Aber wie kann man das Unerträgliche ertragen? Darauf werden wir später noch zu sprechen kommen.

## Die Wahl

Jeder hat die Wahl zwischen Gut und Böse, wie Simone Weil in dem Essay »La personne et le sacré« schreibt. Die Entscheidung, die man trifft, wird ab einem gewissen Zeitpunkt unwiderruflich.[67] Auch wenn Weil sich nicht endgültig darüber ausspricht, ob es ein Weiterleben der individuellen Seele gibt, scheint sie zu glauben, wenn es eines gibt, dass es auch eine Hölle geben muss. In einer kurzen Notiz in den *Cahiers* schreibt sie: »Die Hölle ist ewig«, und »dies muss man glauben. Man muss es wirklich glauben« (OC VI, 3 167).[68] Auch wenn sie

67 In EL: S. 11–44, in: *Écrits de Londres et dernières lettres*, Paris: Gallimard, 1957. »In allen quälenden Problemen des menschlichen Lebens gibt es nur die Wahl zwischen dem übernatürlichen Guten und dem Bösen« (EL 29).

68 Übrigens widerspricht die Existenz der Hölle nicht der Güte und Barmherzigkeit Gottes. Vielmehr ist sie ein Zeichen dafür, wie ernst er unsere Freiheit nimmt, und ist damit paradoxerweise ein Ausdruck seiner Liebe. Gäbe es keine Möglichkeit sich gegen Gott zu entscheiden, dann gäbe es keine menschliche Freiheit.

nicht ausschließt, dass Verdammte irgendwann aufhören könnten zu existieren, ist es doch klar, dass es keine Hoffnung, keinen Himmel für sie gibt.[69]

---

Die Hölle ist so schrecklich, weil es mit der Ablehnung Gottes auch keine Gerechtigkeit, keine Schönheit, nichts Gutes darin geben kann. Daher ist die Beschreibung Dantes eine treffende, wenn auch symbolische Beschreibung der höllischen Stadt Dis im Gegensatz zur himmlischen Stadt Jerusalem, welche von der Liebe regiert wird.

In dem Essay »The City of Dis« erklärt Dorothy L. Sayers (in: *Introductory Papers on Dante*, New York: Barnes, Noble, 1969 Wiederdruck (1954), S. 127–150), was die Höllenqualen so schrecklich macht: Die verdammten Seelen »hassen zwar, was sie gewählt haben, aber weil sie es gewählt haben, klammern sie sich daran fest, so wie der Trunkenbold sich an die Flasche klammert oder der Lustmolch an die Unzüchtigkeit; so wie der müde Millionär keinen Kick mehr bekommen kann, außer indem er noch mehr Geld anhäuft, welches er nicht genießen kann; so wie der Tyrann, der sich an Blut berauscht hat, seine müden Sinne nur mit noch komplizierteren Formen von Tortur stimulieren kann [...] Obwohl ihre Wahl eine Strafe für sie geworden ist, ist sie trotzdem die einzig ertragbare Existenz für sie; denn obwohl die Sünde jeden Geschmack verloren hat, können sie doch nicht ohne sie leben« (133). Sie sind konfrontiert mit dem, was sie Gott vorgezogen haben, aber es entbehrt nun jeden Reizes. Während sie noch auf Erden waren, konnten sie sich mit dem Vergnügen, welches ihr Idol ihnen bereitete, darüber hinwegtäuschen; aber das ist nun Staub und Asche. Im Endeffekt kann nur das absolut Gute das menschliche Herz erfüllen, und sonst nichts.

69 Folgendes definiert die Hölle: »Die perfekte, unendliche, ewige Freude Gottes ist die gleiche, welche in der verdammten Seele brennt. Diese Freude wird ihr angeboten, aber sie will sie nicht, und diese Ablehnung ist die Hölle« (OC VI, 3 167). Oder auch: »›Alles, was ohne Wert ist, flieht das Licht‹. Hier unten kann man sich hinter dem Fleisch verstecken. Beim Sterben kann man das nicht

Diese endgültige Entscheidung für Gut oder Böse findet erst ab einem bestimmten Zeitpunkt statt, nämlich wenn die Seele mit dem Übernatürlichen in Kontakt getreten ist: »Wenn erst einmal ein Atom des reinen Guten in die Seele getreten ist, dann ist die größte und kriminellste Schwachheit unendlich weniger gefährlich als der kleinste Verrat [...] Solange die Seele nicht vom absolut Guten gekostet hat, ist sie sowohl von der Hölle wie auch vom Paradies getrennt« (ebd. 59–60). Man kann nicht im Voraus bestimmen, wann dieser Augenblick stattfindet, auch kann man ihm nicht aus dem Weg gehen.[70] Selbst wenn es nur implizit geschieht, wird eine Entscheidung getroffen werden. Denn die »Öffnungen, die direkt Eintritt verschaffen zur zentralen Tür, welche Christus ist« (OC IV, 2 289), wie die Schönheit oder unter anderem die »kurzen Augenblicke von Gerechtigkeit, Mitleid [und] Dankbarkeit«, sind letztendlich jedem zugänglich (ebd. 288; AD 122–3, 151–2).[71]

---

mehr. Man ist dem Licht nackt ausgeliefert. Je nachdem ist dies die Hölle, das Fegfeuer oder das Paradies« (ebd. 302). »Also sind die verdammten Seelen im Paradies, aber für sie ist das Paradies die Hölle« (ebd. 168).

70 Der Augenblick dieser Entscheidung variiert, kommt aber gewiss, wie Weil an Joë Bousquet am 12. Mai 1941 schreibt (»Lettre à Joë Bousquet« in: *Pensées sans ordre concernant l'amour de Dieu* (PSO), [Paris]: Gallimard, 1962, S. 73–84): »Für jeden Menschen gibt es einen bestimmten Zeitpunkt, welcher für alle und auch für ihn unbekannt ist, aber absolut feststeht« (PSO 77). Da dieser kairos, wenn Gott sich offenbart, nicht vorhersehbar ist, ist es wichtig, bereit zu sein, sonst wird man von dem Herrn wie ein Dieb in der Nacht überrascht.

71 Um genauer zu sein: Weitere Öffnungen zum Übernatürlichen hin, wie Weil in Intuitions und dem Essay »Formes de l'amour implicite de Dieu« (in: OC IV, 1, S. 285–336) schreibt, sind außerdem »der Gebrauch der reinen Intelligenz, angewandt auf die Betrachtung

Wenn man erst einmal dem Guten begegnet ist, wird seine Ablehnung unverzeihlich; es ist die Sünde wider den Heiligen Geist, wie Weil in den *Cahiers* schreibt, denn man hasst das Gute für das, was es ist.[72] Das kann nicht vergeben werden, nicht weil die Liebe Gottes begrenzt wäre, sondern weil Gott uns nicht gegen unseren Willen retten kann. Wie schon der heilige Augustinus schrieb: »Der uns ohne unsere Hilfe erschaffen hat, kann uns nicht ohne unsere Hilfe retten«; »*Qui ergo fecit te sine te, non te iustificat sine te.*«[73] Ein gutes Beispiel für eine solche endgültige Verwerfung ist Judas: »Wenn das Übernatürliche in jemanden eintritt, der nicht genügend Liebe besitzt, um es zu empfangen, wird er böse/das Böse [du mal]« (OC VI, 3 300). Als Christus ihm die Eucharistie reichte und der Teufel in ihn fuhr, wie es im Evangelium heißt, war es nicht Christus, der ihn böse machte. Es war vielmehr die

---

der theoretischen Notwendigkeit in der Erkenntnis der Welt«; ihre Verkörperung in Technik und Arbeit; die Liebe zu Liturgie und zum Nächsten; und die Annahme des Leidens (ebd.). Sie fügt noch die Mathematik hinzu als eines »der Löcher, durch welches der Atem und das Licht Gottes dringen können« (OC IV, 2 262). Sie schreibt etwas später, dass »man den ganz kleinen Kindern, um ihnen zu helfen, Dinge mit einer regelmäßigen Form zum Entdecken, zum Erkennen gibt, welche leicht zu handhaben sind, wie zum Beispiel Bälle und Würfel. In der gleichen Weise hilft Gott den Menschen bei ihrem Lernprozess, indem er ihnen im sozialen Leben religiöse Praktiken und die Sakramente gibt, und die Schönheit im leblosen Universum« (ebd. 292).

72 Weil sagt in den *Cahiers*: »Die Sünde wider den Heiligen Geist besteht darin, zu wissen, dass etwas gut ist, und es zu hassen, weil es gut ist. Man empfindet jedes Mal das Gleiche als Form von Widerstand, wenn man sich dem Guten zuwendet.« (OC VI, 2 449)

73 *Sermo* 169, Nr. 11.13 *(http://www.augustinus.it/latino/discorsi/discorso_220_testo.htm).*

Reaktion von Judas, seine Ablehnung des absolut Reinen und Guten, die ihn dazu bewog, den Sohn Gottes zu verraten. »Das eucharistische Brot, welches die Fähigkeit besitzt, den Heiligen Geist in die Seelen kommen zu lassen, hat den Teufel in die Seele von Judas fahren lassen. Nur heilige Dinge verfügen für die Schlechten über diese diabolische Fähigkeit« (OC VI, 3 250). Den Unreinen ist alles unrein. Judas war nicht zu einer hoffnungslosen Situation verurteilt oder gar determiniert, auf eine gewisse Art zu reagieren. Vielmehr bedeutet »jeder Fortschritt, dass man mehr Übernatürliches erhält als die Liebe, die man schon besitzt« (ebd. 300f). Dies ist also eine Herausforderung für jeden, auch für die Heiligen. Die richtige Antwort darauf ist, »auf Gott hin orientiert zu bleiben, um […] [die Versuchungen] zu überwinden« (ebd.); Judas hingegen wandte sich von Christus ab und verzweifelte, nachdem er ihn verraten hatte.

Während die Entscheidung für das Gute im Allgemeinen bewusst getroffen wird, geschieht die Wahl des Bösen meist unbewusst.[74] Wie Weil im Brief an Joë Bousquet schreibt: »Die Seele trinkt ein Schlafmittel«, um die Entscheidung für das Gute zu vermeiden (PSO 77).[75] Nur wenn ein Schock sie dazu zwingt, der Realität

74 »Ein Mensch kann zu jedem Zeitpunkt in seinem Leben dem Bösen nachgeben, da er ihm unbewusst nachgibt und sich nicht klar darüber ist, dass er etwas, das von außen kommt, Autorität über seine Seele einräumt« (PSO 77).

75 Weil dachte, für Joë Bousquet, der schon seit 20 Jahren an sein Bett gefesselt war, sei dieser Zeitpunkt noch nicht ganz gekommen. Wegen der Kugel in seiner Wirbelsäule konnte er nicht so leicht wie andere in eine Traumwelt flüchten. Deswegen müsse er nur noch durch »eine Schale brechen, bevor er aus dem dunklen Innern des Eies heraus in das Licht der Wahrheit schlüpft«, gemäß dem alten Bild, wonach das Ei für die Welt steht und »der Vogel [darin] die Liebe ist, die Liebe, welche Gott selbst

ins Auge zu schauen, wie bei Bousquet, der seit seiner Verwundung im Ersten Weltkrieg gelähmt war, und für den, wie Weil es ausdrückt, der Krieg für immer in seinen Körper eingezogen war, ist die Seele fähig, eine ganz bewusste Entscheidung zu fällen (ebd. 75). Man könnte sich allerdings auch vorstellen, dass auch die Entscheidung für das Gute geschieht ohne dass sich die Seele dessen bewusst wäre. Denn die Seele, wie Weil in anderen Texten schreibt, wird durch die Schönheit verführt und in ein Labyrinth geleitet, um dort vom Minotaurus, das heißt, von Gott gegessen zu werden, oder sie wird entführt und vergewaltigt wie Proserpina. Diese mythologischen Vergleiche könnten allerdings den falschen Eindruck erwecken, Gott zwinge die Menschen dazu, ihn zu lieben. In Wirklichkeit aber wartet Gott wie ein Bettler auf uns, tragischerweise oft umsonst, denn wie der heilige Franziskus von Assisi es schon beklagte, wird die Liebe nicht geliebt.[76] Gott gibt der Seele erst im Geheimen

---

ist, der in den Tiefen eines jeden Menschen zuerst nur als unsichtbarer Same lebt« (PSO 74). Es ist ein Granatapfelsamen, den die Seele unbewusst gegessen hatte, der aber wachsen wird, wenn sie bleibt, wo sie ist, »bewegungslos, wartend, unerschütterlich und unbewegt durch jederlei äußeren Schock«, *en hypomene* (ebd. 76). Wenn erst einmal die Einwilligung zum Guten gegeben wurde, so ist dies unwiderruflich; es ist wie der Verlust der Jungfräulichkeit – man kann nicht zurück (ebd. 76f). Bedeutet dies, man sei unfähig geworden, das Böse noch zu wählen? Nein, aber diese Wahl wird eine bewusste sein und daher umso ernster, während sonst die Entscheidung für das Böse meist unbewusst geschieht.

76 Dies erinnert an die Bekehrung von C. S. Lewis, welche von der Demut Gottes zeugt, der auf uns wartet: »In dem Trinity Term 1929 gab ich nach und gab zu, dass Gott sei, und kniete mich hin und betete: vielleicht der niedergeschlagenste und widerstrebendste Konvertit in ganz England. Ich sah damals nicht, was jetzt ganz leuchtend klar

einen Samen zu essen indem er sie durch die Schönheit verführt, und wenn sie nicht in eine Traumwelt flieht in dem Versuch, ihn zu vergessen, sondern wartet, *en hypomene*, wird dieser »unendlich kleine Samen göttlicher Liebe« wachsen bis zum entscheidenden Zeitpunkt, wo sie Gott für immer Ja sagt (ebd. 76). Diese letzte Entscheidung muss ganz bewusst gefällt werden.[77]

Der »kleine Samen«, den Gott der Seele ohne ihr Wissen gibt, ist, so meine ich, ein Symbol für die Gnade, und diese ist nichts anderes als Gott selbst, der sich gibt, nur dass er sich in gewisser Weise »verkleidet«, zum Beispiel in Form von Schönheit. Die Seele entdeckt mit Entzücken die Schönheit der Natur und Kunst, und bemerkt zuerst nicht, wie diese eine Reflektion Gottes ist, und wie sie damit Gott schon selbst Einlass gewährt hat. So hatte Weil, wie sie später erkannte, schon in ihrer agnostischen Jugend Gott implizit geliebt, indem sie die Wahrheit suchte, der Reinheit folgte, die Armut liebte und die Schönheit mit Freuden betrachtete. Sie fragte sich sogar später, wie sie Gottes Befehlen damals hatte folgen können, als sie ihn noch gar nicht kannte (OC VI, 4 180; AD 39–41). Dies war möglich, weil sie ihm in seinen verschiedenen Erscheinungsformen anhing. Später,

---

ist: die göttliche Demut, welche einen Konvertiten selbst unter solchen Voraussetzungen akzeptiert. Der verlorene Sohn kam wenigstens auf seinen eigenen zwei Füßen nach Hause. Aber wer kann die Liebe genug lieben, welche das Tor weit öffnet für einen verlorenen Sohn, welcher strampelt, sich wehrt, kämpft, aufgebracht ist und in jeder Richtung nach einer Fluchtmöglichkeit sucht?« (*Surprised by Joy*, Collins: Glasgow, [21]1982, 182f).

77 Wie Weil zu Bousquet sagt: »Es ist nicht nötig dem Bösen sein Ja zu geben, um von ihm ergriffen zu werden. Das Gute hingegen nimmt die Seele nur, wenn sie dazu Ja gesagt hat« (PSO 77).

als sie wusste, dass er wahrhaft existierte, musste sie sich für ihn noch explizit entscheiden.[78]

Leider scheint denen, »welche sich schon seit langem [...] vom Bösen haben einnehmen lassen, dieser entscheidende Augenblick [der letzten Entscheidung für das Gute] irreal« (PSO 77f.). Da die Seele nicht in der Realität lebt, vermeidet sie eine endgültige Entscheidung oder vielmehr: Sie fällt sie, ohne sich wirklich dessen bewusst zu sein. Eichmann, wie Arendt schreibt, hatte sich so exaltiert und berauscht an seinem Pseudo-Idealismus, dass er selbst kurz vor seinem Tod noch wie ein Held posierte und eine letzte Plattitüde von sich gab: »In einem kurzen Weilchen, meine Herren, *sehen wir uns ohnehin alle wieder*. Das ist das Los aller Menschen [...] Es lebe Deutschland.

78 Oder, um ein literarisches Beispiel zu verwenden: in Evelyn Waugh's Roman *Brideshead Revisited* fühlt sich der Erzähler Charles Ryder in seiner Jugend von der Schönheit, die er in seinem Freund Sebastian Marchmain verkörpert findet, überwältigt, von dessen Schloss Brideshead, von Sebastians Aussehen und seinem ästhetischen Lebensstil. Die Tür zu etwas Höherem, zu dem »verzauberten Garten«, wie er es bezeichnet, welche Sebastian ihm zuerst zu öffnen scheint, wird von Charles über die Jahre verleugnet und schließlich vergessen (Evelyn Waugh, *Brideshead Revisited: The Sacred and Profane Memories of Captain Charles Ryder*, New York: Little, Brown, 1973, S. 31 u. 169). Als mittelmäßiger, jedoch erfolgreicher Maler wird er Teil des Kunstestablishments. Erst durch seine Konversion zum Katholizismus entdeckt er, dass dieser erste Ruf der Schönheit schon der Ruf Gottes war, auch wenn er ihn erst auf dem Umweg des Ästhetizismus und dem Abweg des Zynismus fand (vgl. meinen Artikel »Peace through Conversion. Beauty as the Stepping-Stone to God in *Brideshead Revisited*«, in: Joan F. Hallisey, Mary-Anne Vetterling (Hrsg.): *Making Peace in our Time. Proceedings of the Northeast Regional Conference on Christianity and Literature*, October 26–28, 2007, Regis College, Weston/MA, Weston/MA: Peace Press, 2008, S. 173–185).

Es lebe Argentinien. Es lebe Österreich [...] *Ich werde sie nicht vergessen.*«[79] Dies half ihm, seine letzten Momente durchzustehen und hinderte ihn, so scheint es zumindest, sich der Realität im letzten Augenblick zu stellen.

Jedoch ist diese Art von Träumen für die Unglücklichen »der einzige Trost, [...] die einzige Hilfe, um das schreckliche Gewicht der Zeit zu tragen«; es scheint »eine recht unschuldige Stütze zu sein, und außerdem unentbehrlich«, sagt Weil. Trotzdem ist es »die Wurzel des Bösen«, »besonders bei denen, welche vom Unglück getroffen sind« (PSO 78). Wir spinnen ein Gewebe von Lügen um uns, und um das zu zerreißen, bedarf es eines übermenschlichen Mutes. Manchmal kann die Erfahrung von Unglück, von extrem Bösem oder von Heiligkeit diesen Panzer durchstoßen, schreibt Weil in »Morale et littérature« (OC IV, 1 92). Sich von diesem Lügengewebe

79 Arendt EJ 371. Arendt kommentiert dies folgendermaßen: »Im Angesicht des Todes fiel ihm genau das ein, was er in unzähligen Grabreden gehört hatte [...] Sein Gedächtnis, auf Klischees und erhebende Momente eingespielt, hatte ihm den letzten Streich gespielt; er fühlte sich ›erhoben‹ wie bei einer Beerdigung und hatte vergessen, dass dies die eigene war« (ebd.). Arendt zeichnet die letzten Augenblicke Eichmanns auf und entwirft ein Bild der Scheinwelt, in der er lebt. Jedoch macht sie sich offenbar keine Gedanken darüber, welche Konsequenzen dies für Eichmanns ewiges Leben haben könnte, wenn es solches in ihren Augen überhaupt gibt.

Tragischerweise lehnte Eichmann jede Reue ab, da er dachte, sie sei nur etwas für Kinder (Arendt EJ 97). Damit versperrte er sich jegliche Möglichkeit eines echten Wandels. Hätte er seine Taten bereut, dann hätte er mit dem Herzen fühlen können, was für schlimme Verbrechen er begangen und was für Leiden er verursacht hatte. Für eine gute Analyse von Reue s. Max Schelers Artikel »Reue und Wiedergeburt«, in: Maria Scheler (Hrsg.): *Vom Ewigen im Menschen*, Bern: Francke-Verlag, $^{4}$1968, 27–59.

zu trennen, kommt dem Wahnsinn gleich, einer »Tollheit der Liebe« um der Wahrheit willen, und damit zumindest implizit um Christi willen. Denn die Liebe verlangt, alles zu verkaufen – auch die Realität, so wie man sie kennt, so wie man sie um sich geschaffen hat –, um die kostbare Perle zu erwerben. »[Die Träumerei] aufzugeben aus Liebe zur Wahrheit, bedeutet wirklich alle seine Güter aus einer Tollheit der Liebe aufzugeben, um dem zu folgen, der in seiner Person die Wahrheit ist« (PSO 78f.). So ist die Entscheidung für das Gute nicht eine abstrakte Wahl, sondern kommt einer Entscheidung für Christus gleich, zumindest implizit. Deswegen geht es beim letzten Gericht um unsere Antwort auf ihn. »Ihr habt mich gekleidet, genährt, mir zu trinken gegeben, mich im Gefängnis besucht, oder ihr habt es nicht getan.« Es ist diese Unterlassung, welche einen verdammt. Es ist bestürzend, dass die Menschen zur Linken Jesu nicht verstehen, warum sie verurteilt sind. Sie wissen nicht, dass sie Christus zurückwiesen, als sie ihre leidenden Brüder und Schwestern vernachlässigten. Die zur Rechten Christi verstehen zwar auch nicht, warum sie gerettet sind, aber ihr mangelndes Bewusstsein ist der Liebe zuzuschreiben, wo die rechte Hand nicht weiß, was die linke tut, während das mangelnde Bewusstsein der zur Linken aus verhärtetem Herzen stammt.

Der Träumerei zu widersagen bedeutet, sein Kreuz zu tragen, denn »die Zeit ist das Kreuz« (PSO 79). Aber die Menschen ziehen es vor, sich zu täuschen und sich einzureden sie wären glücklich, wenn sie nur ihr Ziel erreichen könnten; aber in Wirklichkeit folgt jedem Erfolg ein neues Ziel mit denselben falschen Versprechungen von Glück, wie schon Pascal aufgezeigt hat. Diese blinde Verfolgungsjagd aufzugeben, bedeutet allerdings, die Leere zu akzeptieren, welche entsteht, wenn man seinem Idol entsagt, und heißt auch, mit sich selbst konfrontiert zu werden. So ist das Kreuz in das Gewebe des Lebens an sich eingeflochten; selbst ohne den christlichen Glauben lässt sich erkennen, dass paradoxerweise das Kreuz für ein gelungenes Leben wesentlich ist.[80]

Ungeachtet der Erfahrung des heiligen Augustinus beim Stehlen der Birnen, Böses um des Bösen willen getan zu haben, kommen wir also zu der Schlussfolgerung, dass das Böse normalerweise nicht um seiner selbst willen begangen wird, sondern, wie schon erwähnt, meist unbewusst geschieht: »Es ist wahr, dass in diesem Sinne niemand böse sein will« (OC VI, 3 278). Eichmann glaubte, er sei ein Idealist. Rousseau ließ seine Kinder im Stich, ruinierte den Ruf und die Zukunft eines jungen Mädchens, indem er sie fälschlicherweise eines Diebstahls, den er selbst begangen hatte, anklagte; trotzdem glaubte er von sich, er sei ein guter Mann mit edlen Absichten und Gefühlen. Böses nicht zu begehen bedarf also einer großen moralischen Wachheit, die keine Selbstverständlichkeit ist. Es zu begehen, sich dessen danach bewusst zu werden und es zu bereuen, ebenso.

Im nächsten Punkt wollen wir nun untersuchen, wie man dem Bösen entgegenwirken kann.

---

80 Man müsste hier auch Weils Gedanken zum Ursprung des Bösen untersuchen. Obwohl Weil nicht oft die Erbsünde erwähnt, scheint sie deren Existenz auch nicht auszuschließen. Sie schreibt in »Dieu dans Platon« in Bezug auf das Höhlengleichnis: »Wir werden *bestraft* geboren. Eine pythagoräische Idee. Es wird nicht von der Erbsünde gesprochen, aber diese wird vorausgesetzt, denn die Beschreibung vermittelt ein Gefühl von Strafe, ein Gefühl von Gefängnis« (OC IV, 2 96). Ihr Begriff von Schwerkraft (*pesanteur*) scheint den Wirkungen der Erbsünde ähnlich zu sein, welche es für die Menschen schwierig macht, das Richtige zu tun. Allerdings ist ihr Konzept der Schwerkraft weiter gesteckt als das der Erbsünde, denn es schließt auch die Idee von Notwendigkeit und Kraft (*force*) ein, welche über das Universum herrschen.

## Wege, dem Bösen entgegenzuwirken

Der Versuch, dem Bösen aus eigenem Willen entgegenzuwirken, ist in Weils Augen nicht ergiebig und führt nur sehr begrenzt zum Ziel. Obwohl das Böse endlich ist, kann der menschliche Wille nicht die Oberhand gewinnen, weil er begrenzt ist. Man reagiert auf Böses mit Bösem, auf den Schmerz, der einem zugefügt wird, damit, ihn weiterzugeben, um ihm zu entgehen.[81] Nur das reine Wesen (*être pur*) verwandelt das Böse in Leid, während andere durch Leid böse werden. Zu glauben, ein endliches Wesen könne rein genug sein, um ein Sündenbock für die Schuld aller zu werden, ist nach Weils Ansicht falsch. Denn »nur das, was absolut rein ist, kann unsere Schuld auf sich nehmen, ohne von ihr beschmutzt zu werden und ohne sie daher wieder zu uns zurückzuschicken« (OC VI, 3 200). Deswegen »kann der absolut Gerechte nur der inkarnierte Gott sein« (ebd. 356).

Daher brauchen die Menschen bei Weil Gott, um das Böse zu überwinden; einzig seine absolute Reinheit kann ihre Laster wegbrennen. Wahre Schönheit ist eine der Erscheinungsformen Gottes, »die wir [...] wie Feuer auf unsere Fehler legen können; die Unreinheit, die wir [...] [›auf die Schönheit‹] werfen, verbrennt, ohne sie zu beschmutzen. Sie kann nicht anders, da sie absolut rein ist, denn sie ist Realpräsenz Gottes« (ebd. 201). Und Weil fährt fort: »Solcher Art sind die Worte des Vaterunsers, solcher Art ist Gebet.« So sind Schönheit und Gebet, besonders wenn sie miteinander in Verbindung gebracht werden, Antworten auf das Böse.

81 »Derjenige, der Verfluchung erfährt und sie weiterleitet [...] fühlt sie nicht. Dagegen dringt sie bis zum Kern jenes Menschen vor, bei dem sie zum Stillstand kommt, der sie zum Halten bringt. Er wird zum Fluch. Um zum Fluch zu werden, muss man rein sein« (OC VI, 3 382).

Man muss also Gott erlauben, das Böse in einem zu berühren, denn es durch Selbstdressur (*le dressage de soi*) »hinzubiegen«, ist nutzlos. Wenn man es zu Gott bringt, so wird es entweder sofort vernichtet oder es »trocknet aus wie eine Pflanze, deren Wurzel abgeschnitten wurde«. Es ist »allerdings schmerzhafter, sein Elend in das Licht Gottes zu tragen, als es selbst zu bewältigen« (ebd. 132).

Aber wie kann man sich davor schützen, Böses zu tun? Durch absolute Aufmerksamkeit (*attention*), welche, wie Weil es sieht, zum Gebet werden kann: »Aufmerksamkeit, mit Liebe auf Gott gerichtet, [...] lässt gewisse Dinge unmöglich werden. Dies ist der Fall bei der nicht-handelnden Handlung des Gebetes in der Seele« (OC VI, 3 204).[82] Wenn Gott für den Menschen im Mittelpunkt

82 Der Begriff der Aufmerksamkeit ist zentral für Weils Denken und ist eng mit ihrem Konzept des Wartens (*attente*) verknüpft. Denn nur wenn man lange mit absoluter Aufmerksamkeit auf ein Problem, eine Unklarheit oder ein Geheimnis schaut, wird sich das Problem lösen, die Unklarheit lichten und das Geheimnis weniger undurchsichtig werden. Man bedarf also der Geduld, um auszuharren, und der Hoffnung, dass sich das Mysterium irgendwann und fast schon unerwartet erhellen wird, so wie der Herr wie ein Dieb in der Nacht kommen wird, ohne sich vorher anzukünden. *Attente* ist also viel mehr als eine intellektuelle Disziplin, sondern auch eine geistige; denn sie setzt bestimmte Tugenden voraus, fördert sie und leitet über zum Gebet, bei dem man ganz auf Gott gerichtet ist, auch wenn dieser sich einem scheinbar vorenthält. Sie ist auch unabdinglich für die Philosophie: »Die der Philosophie eigene Methode besteht darin, die unlösbaren Probleme in ihrer Unlösbarkeit klar zu begreifen, um sie dann einfach zu betrachten, unbeweglich, unaufhörlich, über viele Jahre, ohne irgendwelche Hoffnung, wartend [dans l'attente]« (OC VI, 4 362). Ich kann diesem großartigen Konzept in Weils Denken hier nicht ausreichend Genüge tun. Zur weiteren Lektüre empfehle ich Weils Essay »Réflexion

steht, kann er gewisse Fehlhandlungen nicht begehen – zumindest nicht absichtlich. »Es gibt bestimmte Verhaltensweisen, welche diese Aufmerksamkeit verdunkeln, wenn sie [die Verhaltensweisen] geschehen, und welche umgekehrt durch die Aufmerksamkeit zur Unmöglichkeit werden« (ebd. 204). Daher ist eine ständige Form von Beten die beste Waffe gegen das Böse und der beste Weg, Klarsicht zu behalten. So schreibt Weil: »Es gibt kein anderes vollkommenes Kriterium zur Unterscheidung von Gut und Böse als das ständige innere Beten. Alles ist erlaubt, was dieses innere Beten nicht unterbricht, und nichts ist erlaubt, was dies tut« (ebd. 208).

An einer anderen Stelle schreibt sie, dass paradoxerweise die Guten zwangsläufig den Bösen wehtun, da Letztere unter deren Gutheit leiden. In ähnlicher Weise schadet das Gute denjenigen, welche die Heilige Kommunion empfangen, ohne im Stand der Gnade zu sein. Gott zu erfahren ist schmerzhaft für den Bösen und führt zur Verdammnis, wenn man ihn abweist. Umgekehrt kann, zumindest was seine Sittlichkeit betrifft, der Gute vom Bösen nicht getroffen werden – wenigstens nicht ohne seine Zustimmung –, wobei er natürlich physisch und emotional verletzt werden kann: »Reinheit ist, was Schmerz betrifft, nicht unverwundbar, sondern außerordentlich verletzlich. Als Reinheit ist sie völlig unverwundbar in dem Sinn, dass keine Gewalt sie weniger rein werden lässt« (ebd.). Für andere, d.h. die meisten, in welchen sich eine Mischung aus Gut und Böse findet, ist das Verhalten der Guten eine permanente Herausforderung, eine Zerreißprobe, denn es konfrontiert sie mit dem Guten und führt ihnen vor Augen, was bei ihnen unzulänglich ist.

Gehorsam ist ein anderer Weg, dem Bösen entgegenzuwirken. Denn »jede große oder kleine Tat, aus Gehor-

---

sur le bon usage des études scolaires en vue de l'amour de Dieu« (in: OC IV, 1 255–262).

sam vollbracht, unterdrückt in der Seele eine begrenzte Quantität von Bösem, das sich dort befindet« (OC VI, 3 299). Gehorsam bedeutet, sich den absoluten Forderungen des Moralgesetzes zu unterwerfen oder seiner persönlichen Berufung zu folgen. Er ist eine Waffe gegen das Böse, denn er wirkt gegen die Schwerkraft (*pesanteur*), welche die menschliche Seele nach unten zieht. Gehorsam sein heißt, den Schmerz unerfüllter Wünsche zu akzeptieren. Dabei stößt der Mensch an seine Grenzen, wenn er bemerkt, dass er von sich aus den Forderungen des Moralgesetzes nicht Genüge tun kann. Infolgedessen sollte er, gemäß Weil, an die Türe zum Übernatürlichen klopfen, woher ihm die notwendige Hilfe kommen wird, um diesen Anforderungen gerecht zu werden.[83] Menschen können aus eigener Kraft diese Tür nicht öffnen, sie müssen ohne Unterlass und ohne die Hoffnung aufzugeben um Einlass bitten, damit sie geöffnet wird. Denn übernatürliche Gnade lässt sich nicht erzwingen; sie ist ein Geschenk und kann nur empfangen werden.

Auch wenn »unsere Begierden [, die nicht im Einklang mit dem Moralgesetz stehen] [...] in ihren Ansprüchen unendlich [sein mögen], [...] [sind sie] begrenzt im Hinblick auf die Kraft, aus der sie stammen« (ebd. 139). Mit Hilfe der Gnade können sie beherrscht werden. Da »nichts hier unten wirklich das Ziel meiner Sehnsucht, die ich in mir trage, sein kann«, wie Weil in augustini-

83 Die Tür (*la porte*) ist für Weil diese Welt, welche zugleich das Übernatürliche ausschließt, ihm aber auch Zugang gibt: »Diese Welt ist die geschlossene Tür. Sie ist eine Schranke, aber gleichzeitig ist sie auch die Schwelle [*passage*]« (OC VI, 3 191). In ihrem Gedicht »La porte« spricht sie von dieser Tür, die sich nicht aufbrechen lässt, aber welche sich für die, welche ausharren, irgendwann öffnet, wenn sie es nicht mehr erwarten; was man dahinter findet, erfüllt das Herz (in: PSO S. 11–12).

scher Manier schreibt, so weiß ich, dass die Suche nach absoluter Befriedigung mit Hilfe von Gütern dieser Welt unmöglich ist (ebd. 277). Zur gleichen Zeit wissen wir tief innen, dass diese unendliche Sehnsucht nur durch das absolut Gute erfüllt werden kann, von dem wir aber getrennt sind. Alles, was wir tun können, ist, aufmerksam auf die Enthüllung des absolut Guten zu warten.

Das zu tun, bedeutet wiederum zu leiden, das Gewicht der Zeit zu ertragen, was in sich selbst bereits ein Kreuz ist, wenn wir sie nicht mit unseren Phantasien ausfüllen. Letzten Endes ist in Weils Augen das Kreuz die einzige adäquate Antwort auf das Böse. Wenn man das Böse nicht erträgt, das einem von einem anderen oder vom Schicksal auferlegt wird, wird man es weiterreichen und dabei gezwungenermaßen Böses tun. Denn wir sind in Weils Augen zum Bösen verurteilt: »In jeder Situation [...], was immer man tut, fügt man Schmerzen zu/tut man Böses [›on fait mal‹], begeht man Böses, und zwar unerträglich Böses« (OC VI, 3 103). Das bedeutet nicht, dass wir determiniert sind, aber dass wahre Freiheit nur mit Hilfe der Gnade erreicht werden kann. Daher »muss man um einen Zustand bitten, wo all das Böse, das man begeht, ausschließlich und unmittelbar auf einen selbst zurückfällt. Das ist das Kreuz« (ebd. 104).

Während derjenige, der Böses tut, es auf andere überträgt, hat das Opfer die Wahl, sich an dem Übeltäter oder an einem Unschuldigen zu rächen, welcher schwächer ist als er, oder aber es in »reines Leiden umzugestalten«. Das erfordert eine Erneuerung »durch eine unveränderliche Reinheit, die von außen kommt, außerhalb jeder Reichweite«. Man kann diese Erneuerung nicht erzwingen, sondern muss geduldig sein; denn »Geduld besteht darin, Leiden nicht in Verbrechen zu verwandeln« (ebd. 353). Geduld (*patientia*) kommt von »*pati*«, und das bedeutet ertragen, leiden.

Der Ansatz der Aufklärung zur Idee des Bösen, sowie er meist verstanden wird, ist deswegen unzureichend. Zu glauben, Erziehung und Kultur könnten ausreichen, um das Böse zu verhindern, ist naiv, denn es bedarf einer übernatürlichen Antwort.[84] Hochgebildete Menschen sind für das Böse genauso anfällig wie weniger gebildete; die höheren Ränge im Dritten Reich waren meist kultiviert. Wer glaubt, Kultur sei eine ausreichende Antwort auf das Böse, begeht den Fehler, es nicht ernst genug zu nehmen. Zwar sah Arendt den Grund für Eichmanns schreckliche Taten in seiner Gedankenlosigkeit.[85] Aber ist

---

84 Eine Meinung, die Simone Weil in ihrem früheren Artikel »Ne recommençons pas la guerre de Troie« aus dem Jahre 1937 noch nicht vertrat (in: OC II, 3 49–66). Darin schreibt sie, wenn Menschen leere, in Großbuchstaben geschriebene Begriffe wie Kommunismus, Nation usw. bedenken würden, würden sie bemerken, dass sie inhaltslos sind und daher nicht verdienen, für sie Blut zu vergießen. Jedoch in ihrem späteren Artikel »Cette guerre est une guerre de religions« sieht sie die Wurzel des Problems und auch die Antwort darauf woanders, nämlich in einer fundamental moralischen und spirituellen Entscheidung (EL 100–102, 107–8).

85 Peter Schotten kritisiert in seinem Artikel »Hannah Arendt's Eichmann Reconsidered« (in: *Modern Age* 49, 2 (2007) S. 139–147) die Idee, Gedankenlosigkeit könne der Grund für Eichmanns Bosheit sein, wie auch Arendts Vorschlag, Nachdenklichkeit, als sokratisch verstandene absolute Selbstreflexion, könne eine Antwort darauf sein. Arendt zieht nach Schotten nicht in Erwägung, dass die Menschen aufgrund vorweg getroffener Entscheidungen handeln, gemäß ihren Fehlern und Tugenden, ohne sie vorher zu durchdenken. Selbst tugendhafte Handlungen sind oft nicht durchdacht. Außerdem sehe sie nicht, dass die Menschen gar nicht reflektieren wollen, weil sie dadurch mit sich selbst konfrontiert würden, oder auch, weil sie von ihren Leidenschaften bestimmt werden (145).

der Grund für Eichmanns Mangel an Reflexion in seiner unzureichenden Erziehung zu suchen oder liegt der Grund dafür nicht eher in einem Ausfall seines moralischen Kompasses, wie wir oben bereits festgestellt haben?

Ohne eine übernatürliche Antwort kann das Böse, wie Weil gezeigt hat, nicht besiegt werden. Genauso wie die menschliche Intelligenz durch das Mysterium herausgefordert wird, so die menschliche Liebe durch das Böse, schreibt Simone Weil.[86] Die einzig adäquate Antwort auf das Mysterium ist eine übernatürliche, nämlich der Glaube; ähnlich muss auch die Antwort auf das Böse eine übernatürliche sein, nämlich *caritas;* denn natürliche Liebe, warmes Mitgefühl, Altruismus, humanitäre Interessen werden früher oder später an ihre Grenzen stoßen und das Böse nicht besiegen können, wenn sie nicht aus einer anderen unversiegbaren Quelle gespeist werden, nämlich Gott.

Eine andere falsche Antwort auf das Böse wäre der Fortschrittsglaube. Man könnte meinen, nach den Erfahrungen des Holocaust, der vielen Kriege und Völkermorde des 20. Jahrhunderts stelle der Glaube an den Fortschritt keine große Versuchung mehr dar. Jedoch bleibt, allen Tatsachen zum Trotz, die das Gegenteil beweisen, der Glaube an den Fortschritt und an die Verbesserung der menschlichen Natur eine fundamentale Versuchung für den Menschen. Man nimmt letztendlich das Böse und die Abgründe, die in einem selbst und in anderen stecken, nicht ernst. Weil hingegen hat die Furchtbarkeit des Bösen und des Leidens sehr stark empfunden, so stark, dass sie, wie sie in einem nicht datierten Brief aus London an Maurice Schumann schrieb, ihretwegen

86 »Das Böse ist für die Liebe, was das Mysterium für den Verstand ist. So wie das Geheimnis die Tugend des Glaubens zwingt, übernatürlich zu sein, so zwingt das Böse zur Tugend der *caritas*« (OC VI, 2 465).

»Tränen von Blut« weinte.[87] In ihren Notizbüchern sagte sie: »Man kann nicht ohne Entsetzen das Ausmaß des Bösen betrachten, das der Mensch tun und ertragen kann« (OC VI, 3 279). Im Hier und Jetzt gibt es darauf keine Antwort, keinen letzten Trost. Denn »wie könnte man glauben, eine Kompensation für dieses Böse zu finden, wo Gott seinetwegen gekreuzigt wurde« (ebd.)?

Beschert dann nicht das Böse dem Guten die endgültige Niederlage? Nein, denn Gott kann auch im Bösen noch gegenwärtig sein: »Ebenso wie Gott in spürbarer Wahrnehmung in einem Stück Brot durch die eucharistische Konsekration gegenwärtig ist, so ist er im äußersten Bösen durch sein erlösendes Leiden, durch das Kreuz gegenwärtig« (OC VI, 2 468). Die Devise des späteren Kaisers Konstantin »in hoc signo vinces«, welche ihm den Sieg über seine Feinde an der Milvischen Brücke bescherte, hat damit noch eine viel tiefere Bedeutung; denn das Kreuz kann nicht durch das Böse besiegt werden. Durch das Leid verwandelt es das Böse in Liebe. Das Kreuz ist somit das Zeichen eines absoluten Sieges.

Wenn man sich daher dem Bösen mit rein menschlicher Anstrengung widersetzt, indem man zum Beispiel versucht, die Dinge durch eine Revolution wieder in Ordnung zu bringen, im Glauben, man könne dabei ein für allemal Unterdrückung loswerden, sieht man nicht, dass eine Form von Knechtschaft nur durch eine andere ersetzt wird, eine Form von Ungerechtigkeit durch eine andere. »Die Illusion der Revolution besteht darin zu denken, dass die Opfer der Gewalttaten selbst unschuldig sind, und wenn man ihnen diese Macht anvertraute, sie diese gerecht ausüben würden [...]. Die Gewalt am Griff des Schwertes wird an der Spitze sofort weitergereicht. Daher werden die Opfer, sobald sie an der Macht

87 »Lettres à Maurice Schumann« in: EL S. 185–215, S. 201–215.

sind, berauscht von der veränderten Lage, genauso viel oder vielleicht noch mehr Böses tun, um dann zu stürzen« (OC VI, 3 266). Menschliche Gerechtigkeit an die Stelle des Bösen zu setzen läuft darauf hinaus, ein Übel durch ein anderes zu substituieren.[88] Das ist der traurige Lauf der Geschichte, wie die französische und russische Revolution gezeigt haben.[89] Denn das Böse, unter dem

88 Für Weil ist menschliche Gerechtigkeit ohne *caritas*, also ohne übernatürliches Element, dem Gesetz der Schwerkraft und der Macht (*force*) unterworfen. Sie wird zu einem Spielball der Kräfte, und wird – so wie auch humanitäre Gefühle, wenn sie nicht durch christliche Nächstenliebe motiviert werden – schnell an ihre Grenzen stoßen. Wie Simone Weil in ihrem Aufsatz »La personne et le sacré« darlegt, ist Gerechtigkeit ohne *caritas* im Endeffekt nichts anderes als das Recht des Stärkeren. Dem anderen das, was ihm zusteht, zukommen zu lassen, wird man nur tun, wenn man nicht der Stärkere ist. Dies mag zuerst zynisch erscheinen, wird aber im Gesamtbild des Weilschen Denkens klarer. Menschliche Gerechtigkeit ist auf Grund menschlicher Begrenztheit ungenügend und ihr Anspruch auszureichen, ist reine Hybris. Simone Weil sieht darin einen utopischen Wahn, dessen mörderische Konsequenzen in aller Deutlichkeit klarmachen, was von Anfang an daran falsch war. Nächstenliebe hingegen ist unendlich, weil sie ihren Ursprung in Gottes Liebe hat, die sie reflektiert.

89 Man könnte natürlich einwenden, dass Simone Weil nicht die Revolution von 1989 miterlebt hat, welche zeigte, dass sich Revolutionen sehr wohl friedlich abspielen können. Die französische und russische Revolution, die Weil im Sinn hatte, waren von utopischen Ideologien gespeist, welche für sich beanspruchten, absolute Gerechtigkeit auf Erden zu etablieren. Außerdem waren sie gewaltsam und grausam. Die Revolution von 1989 hingegen, welche das Ende des Kommunismus im Osten Europas einläutete, hatte keine solchen Ambitionen und war im Großen und Ganzen friedlich. Indem sich Menschen auf die Prinzipien von Freiheit und mensch-

die Unterdrückten zu leiden hatten, wurde den früher Mächtigen auferlegt.[90]

---

liche Würde beriefen, nahmen sie utopischen Regimen den Wind aus den Segeln, welche für sich beansprucht hatten, die Interessen der Gesellschaft zu vertreten, in Wirklichkeit aber die menschliche Würde mit Füßen traten. Indem die Menschen keine Gewalt anwandten, traten sie aus dem Teufelskreis von Gewalt und Rache heraus, und widersetzten sich dadurch der Herrschaft von Macht (*force*). Nach Simone Weils Verständnis, könnte man sagen, ging dieses Handeln über das rein Menschliche hinaus. Ob sie sich dessen nun bewusst waren oder nicht, waren diese Menschen, wie Weil es bezeichnet hätte, von einer implizierten Liebe zu Gott bewegt, welche sich in ihrer Liebe zu Freiheit, Würde und echter Gerechtigkeit ausdrückte. Dieses Ereignis kann somit letzten Endes nur aus einer übernatürlichen Perspektive verstanden werden. Wer dies nicht annehmen will, muss zumindest eingestehen, dass dieser schnelle und friedliche Kollaps des kommunistischen Regimes hinter dem Eisernen Vorhang sehr erstaunlich war. Wenn auch das System so marode war, dass sich seine Implosion über kurz oder lang ereignet hätte, konnte man mit einem solchen friedlichen Übergang nicht rechnen.

90 Die Entscheidung für oder gegen das Böse besteht in der Wahl zwischen dem Kreuz und dem Schwert. »Denn jeder, der zum Schwert greift, wird durch das Schwert umkommen. Und jeder, der das Schwert nicht zieht (oder es fallen lässt), wird am Kreuze sterben« (OC VI, 2 327). Bedeutet dies, dass Pazifismus eine moralische Verpflichtung ist? Sollte man dann nicht ein Opferlamm werden, nachdem dies letztlich die einzige authentisch spirituelle Antwort auf das Böse ist? Weil distanzierte sich von ihrem eigenen früheren Pazifismus, den sie mit vielen Intellektuellen in den 20er und 30er Jahren teilte, und bezeichnete ihn sogar als »kriminell«. Zu glauben, man könne dem Bösen lediglich mit gutem Willen entgegentreten, bedeutet, sich zum Instrument des Bösen zu machen, welches dadurch vorankommt.

## Le mal est naturel – Das Böse liegt nahe

Im Gegensatz zu dieser Verlagerung des Bösen von einer Seite zur anderen sind das übernatürlich Gute und das Böse essentiell voneinander verschieden.[91] Sie befinden sich weder auf der gleichen Ebene, noch sind sie Gegensätze. Nur im rein natürlichen, menschlichen Bereich sind Gut und Böse auf derselben Ebene. »Das Gute als Gegenteil vom Bösen«, schreibt Weil, »ist ihm in gewisser Weise äquivalent, wie alle Gegensätze« (OC VI, 2 103). Und später: »Das, was etwas Bösem genau entgegengesetzt ist, gehört [vielleicht] *niemals* zu der Ordnung des höheren Guten« (ebd. 125).[92] Daher bezieht sich die Dialektik à la Hegel von Gut und Böse nur auf die natürliche Ebene, und demnach bewegt sich die Geschichte in der Tat, wenn man das Übernatürliche auslässt, nur zwischen Aktion und Reaktion, wobei allerdings die Hoffnung auf eine Lösung oder Synthese vergeblich ist.[93]

---

Der Entschluss, ein *être pur* zu werden, kann außerdem nur ein persönlicher und nicht ein kollektiver sein (Gabellieri, *Être et Don*, 226f.). Ansonsten würde dies bedeuten, Menschen in eine Notlage zu versetzen, die sie geistig nicht bewältigen können. Weil hatte sich danach gesehnt, dieser Torheit der Liebe zu leben, indem sie Krankenschwester an der Front werden wollte.

91 Weil fasst dies in den *Cahiers* folgendermaßen zusammen: »Das Gute ist wesentlich verschieden vom Bösen. Das Böse ist vielfältig und fragmentiert, das Gute ist eins; das Böse ist offensichtlich, das Gute ist geheimnisvoll« (OC VI, 2 126).

92 Die eckige Klammer stammt von Weil.

93 »Schlechte Einheit der Gegensätze. Der Imperialismus der Arbeiter, welcher vom Marxismus entwickelt worden ist […] Die ehrlichen Anarchisten […] haben geglaubt, dass man das Böse zerstört, indem man den Unterdrückten die Macht gibt. Die schlechte Einheit der Gegensätze – schlecht, weil sie lügnerisch ist – ist dieje-

Zusammenfassend lässt sich sagen: Solange wir auf der natürlichen Ebene bleiben, werden wir *nolens volens* Böses tun, indem wir der natürlichen Neigung unseres Herzens folgen, denn die Schwerkraft zieht uns nach unten. Ohne die Gnade bleibt der Mensch eingeschlossen in sich selbst, angekettet an die von dieser moralischen Schwerkraft regierten immanenten Welt des Hier und Jetzt.[94]

Letztendlich kann die Frage des Bösen nicht ohne Gott angegangen werden. Jede Antwort ist falsch, wenn sie nicht das Kreuz miteinschließt, welches das Böse durch das Leid in Liebe verwandelt. Darum steht das Kreuz im Zentrum einer jeden menschlichen Berufung: »Die Kreuzigung ist die Krönung, die Vollendung eines menschlichen Schicksals. Wie könnte ein Mensch, des-

---

nige, welche sich auf der Ebene abspielt, wo sich die Gegensätze befinden. Die echte Einheit findet auf der darüberliegenden Ebene statt« (OC VI, 3 329). Dieses rein menschlich Gute, welches das Böse ersetzt, ist seiner Natur nach auch böse, verkleidet sich aber als das Gute (heute nennt man das den Gutmenschen). So befinden sich nach Weil Diebstahl und bürgerliche Hochachtung des Besitzes oder Ehebruch und die sogenannte »anständige Frau«, wie man sie früher nannte, auf derselben Ebene. Auch wenn der Bürger und die anständige Frau sich dem Dieb und der Dirne weit überlegen fühlen, stehen sie kaum über ihnen. Ihre Rechtschaffenheit ist die der Pharisäer und nicht echte Tugendhaftigkeit (OC VI, 2 125f.).

94 Der Mensch ist vor die Wahl gestellt zwischen einer liebenden Selbsthingabe oder einer selbstsüchtigen Autonomie. Wie Jean-Luc Marion in dem Artikel »Le mal en personne« schreibt, führt die Entscheidung für Autonomie letztendlich in die Hölle; der Rückzug auf das eigene Selbst führt zu einem ewigen geistigen Tod, der darin besteht, sich ständig selbst zu vernichten, ohne je gänzlich zu verschwinden (35f, 43).

sen Wesen es ist, Gott zu lieben und der sich in Raum und Zeit befindet, eine andere Berufung haben als das Kreuz?« (OC VI, 2 375)

Daher kann alles Leiden ein Ausdruck von Liebe werden, wenn es in richtiger Weise ertragen wird; sonst führt es zu Verzweiflung. So kann das, was jeden Sinn und Verstand vermissen lässt, dieses scheinbar sinnlose Leiden, paradoxerweise zum sinnvollsten Akt der menschlichen Existenz werden, wenn er durch Liebe umgestaltet wird. Aber auch das kann nur von einem übernatürlichem Standpunkt aus, *sub specie aeternitatis* (im Lichte der Ewigkeit), verstanden werden, wie sie in ihrem Essay »L'amour de Dieu et le malheur« schreibt: »Das Kreuz Christi ist die einzige Lichtquelle, die hell genug ist, um das Leiden zu erleuchten« (OC IV, 1 370).[95] Es ist die einzige zulängliche Antwort auf das Böse in seiner Schrecklichkeit, Banalität und Monotonie. Denn im Gegensatz zum Bösen ist »nichts so schön, so wunderbar, nichts so immerwährend frisch und voll von Überraschungen, so süß und bezaubernd wie das Gute« (ebd. 90). Und nichts erfüllt das Herz so sehr wie das Wissen um eine »Liebe, die uns [von Anfang] an in den Armen hält« (PSO 75).

95 In: OC IV, 1 346–374.

KAPITEL 2

# Und es gibt es doch – Das Übernatürliche in der Philosophie Simone Weils im Kontext des Rationalismus[96]

## Einleitung

Wenn man an die Aufklärung, die Französische Revolution, den Empirismus und den Laizismus (*la laïcité*), mit dem sich *la République* brüstet, denkt, dann ist es erstaunlich, dass eine ungetaufte, französische Philosophin des 20. Jahrhunderts das Übernatürliche ernstnimmt und in das Zentrum ihrer Überlegungen stellt.[97] Trotz ihrer Er-

---

96 Dieser Aufsatz ist auf English unter dem Titel »Understanding Simone Weil's ›Science of the Supernatural‹ within the Context of Rationalism« in dem online Journal *Spaziofilosofico* (17 (2016) S.351–365) erschienen und mit dessen freundlicher Erlaubnis hier abgedruckt (http://www.spaziofilosofico.it/wp-content/uploads/2016/07/Cabaud-Meaney.pdf).

97 Allerdings hatte der katholische Philosoph Maurice Blondel das Übernatürliche bereits gründlich untersucht, und Henri de Lubac machte es wieder zu einem zentralen Thema der katholischen Theologie im 20. Jahrhundert. Aber wie Pascal David in seinem Artikel »L'absolu peut-il faire l'objet d'une science expérimentale?« meint, analysieren Philosophen wie Emmanuel Levinas, Michel Henry, Jean-Luc Marion, der spätere Jacques Derrida, Louis Lavelle and Gabriel Marcel (wie auch Blondel und Jacques Maritain) nur Phänomene, welche das Absolute offenbaren, während Simone Weil ihre Untersuchungen des Übernatürlichen in eine eigenständige experimentelle Wissenschaft verwandelt (in: CSW 35,1 (2012), S.29–87, S.30).

ziehung in der Tradition des Rationalismus durchleuchtete Simone Weil das Übernatürliche philosophisch, ohne Zögern und ohne das Gefühl, sich rechtfertigen zu müssen.[98] Das Übernatürliche ist ihrer Meinung nach nicht schlicht ein religiöses, nur den Theologen vorbehaltenes Thema, sondern eine Realität von universeller Bedeutung, für Gläubige und Ungläubige gleichermaßen. Außerdem steht es im Kern jeder authentischen Religion, was auch immer deren Glaubenssätze sein mögen. Überdies hat es seine eigenen wissenschaftlichen Gesetzmäßigkeiten, welche sicherer und unveränderlicher als die Naturgesetze sind. Das Übernatürliche ist Simone Weil so wichtig, dass sie es in das Zentrum ihrer politischen Reflexionen für *la France libre* in London von 1942 bis 43 stellt. Für die Philosophie ist es in ihren Augen unabdinglich.

Man mag sich allerdings fragen, wie etwas so schwer Fassbares zum Gegenstand einer philosophischen Untersuchung werden kann. Ich werde versuchen zu zeigen, dass Weils »Beweisführung« auch für unsere Zeit überzeugend sein kann, wie auch ihre Analyse der Wesensmerkmale, der Auswirkung und der Bedeutung des Übernatürlichen.

---

In einem jüdisch-agnostischem Milieu aufgewachsen, war Simone Weil als Jugendliche bewusst zu einer Agnostikerin geworden. Aber schon damals waren ihre Werte und ihre Sichtweise christlich, wie sie später in ihrem berühmten autobiographischen Brief an Père Perrin schrieb (AD 36f., 40). In gewisser Weise war sie schon immer katholisch, meinte sie, auch ohne getauft zu sein (ebd. 53).

98 Siehe André-A. Devaux, »Raison et mystère chez Simone Weil«, in: Mireille Calle et al. (Hrsg.), *Simone Weil: La passion de la raison*, Paris: L'Harmattan, 2003, S. 181–189, S. 181 (zitiert in J.M. Pacheco Gonçalves, »Le mystère du surnaturel: Simone Weil et Henri de Lubac«, in: CSW 35,2 (2012), S. 233–254, S. 246).

## Eine Klärung vorab

Wenn auch das Übernatürliche und die Gnade mehr oder minder die gleiche Realität in Weils Denken bezeichnen, so betonen sie doch verschiedene Aspekte derselben und haben außerdem verschiedene Konnotationen.[99] Das Übernatürliche bezieht sich auf die Sphäre des absolut Guten, wie gezeigt werden wird, während die Gnade, deren Manifestation in dieser Welt zu finden ist, der *pesanteur*, d.h. der Schwerkraft im ethischen Bereich, entgegenwirkt (OC VI, 3 65).[100] Das Übernatürliche soll Thema dieses Kapitels sein, da – vielleicht zu Unrecht – der Gnade in Weils Oeuvre die meiste Aufmerksamkeit geschenkt wird (wahrscheinlich wegen Gustave Thibons Titelwahl des berühmt gewordenen

---

99 So stellt es Pascal David in seinem obenerwähnten Artikel fest (David 30f.).

Simone Weil verwendet den Begriff des »Übernatürlichen« zum ersten Mal in ihrem 3. Notizbuch im Jahre 1941 (David 34), und davor den der »Gnade« in ihrem Artikel über die *Ilias*, welcher im Dezember 1940 und Januar 1941 veröffentlicht wurde (»L'*Iliade* ou le poème de la force«, OC II, 3 S.227–253).

Siehe dazu Kapitel 3 in diesem Buch.

100 Simone Weil spricht oft von der »Gnade« (oder von einer übernatürlichen, geistigen oder transzendenten »Energie«, welche nicht die Konnotation des heutigen New Age hat) und zur gleichen Zeit von der »Schwerkraft«, wobei die Gnade herabsteigt, um emporzuziehen, während die Schwerkraft herabzieht (OC VI, 3 65; OC IV, 1 341). »Gnade« bleibt auch später Teil ihres Vokabulars, nicht so die Schwerkraft (*pesanteur*), die sie durch *force* und *nécéssité* (»Notwendigkeit«) zu ersetzen scheint. Siehe Gilbert Kahn, »Les notions de pesanteur et d'énergie chez Simone Weil«, in: CSW 9,1 (1986), S. 22–31, S.22 und Simone Weil, »À propos du Pater«, in: OC IV, 1 S.337–345.

Büchleins, *Schwerkraft und Gnade,* mit seiner Zusammenstellung von Weil-Zitaten). Denn Simone Weil versucht die Existenz des Übernatürlichen in mannigfacher Weise zu beweisen, wie sie es bei der Gnade nicht getan hat. Als Antwort auf die Skepsis des Rationalismus sind ihre Gedanken zum Thema des Übernatürlichen deshalb einschlägig.

## Diese Andere Realität

Ihre »Étude pour une déclaration des obligations envers l'être humain« (»Untersuchung zu einer Deklaration von Verpflichtungen gegenüber dem Menschen«) ist wahrscheinlich die Präambel zu *L'Enracinement,* einem unvollendeten Buch, welches sie für die *France libre* in England geschrieben hat.[101] Beide Arbeiten sollten die Vorgabe für eine neue Verfassung und Regierung Frankreichs nach dem Krieg werden.[102] Schon im ersten Satz bezieht sie sich auf das Übernatürliche, wenn sie es auch nicht beim Namen nennt, sondern von »der anderen Realität« spricht, wahrscheinlich in der Hoffnung, sie würde damit ein größeres Publikum ansprechen: »Es gibt eine Realität außerhalb der Welt, das heißt außerhalb von Raum und Zeit, außerhalb des geistigen Universums des Menschen, außerhalb irgendeiner Sphäre, welche den menschlichen Fakultäten

101 In: Simone Weil, *Écrits de New York et de Londres (1943): L'Enracinement: Prélude à une déclaration des devoirs envers l'être humain,* Robert Chenavier, Patrice Rolland (Hrsg.), *Œuvres complètes* Bd. V, 2 (OC V, 2), [Paris]: Gallimard, 2013, S. 95–101. Es gibt verschiedene Varianten dieser Präambel (ebd. u. 369–372).

102 Jacques Cabaud, »Simone Weil à Londres«, in: CSW XVI,4 (1993), S. 275–311, S. 296.

zugänglich ist« (OC V, 2 96). Simone Weil verteidigt vehement die selbstständige Existenz dieser »anderen Realität«, aber vermeidet die explizite Nennung des Übernatürlichen in ihrem Entwurf. Vermutlich wollte sie damit außerdem eine Verwechslung mit dem Unheimlichen, Wunderbaren und Dämonischen vermeiden und gleichzeitig rationalistischen Vorurteilen einen Riegel vorschieben. Das ist allerdings der einzige Moment, wo sie dem modernen, skeptischen Menschen entgegenkommt. Sie erwartet ansonsten von ihren Lesern, dass sie der Komplexität und den Paradoxen der Realität gerecht werden, anstatt sie in das Prokrustesbett ihrer Vorlieben zu zwängen.[103]

Sie gibt nicht vor, dass diese Wirklichkeit leicht erreichbar wäre. Man kann sich sogar fragen, ob diese andere Wirklichkeit überhaupt erkennbar oder gar philosophisch erfassbar ist, da sie, wie Weil schreibt, jenseits der menschlichen Fähigkeiten, deren geistigem Universum, dem Raum, der Zeit, ja der Welt selbst angesiedelt ist. Die französische Philosophin wünscht deswegen in ihren Notizbüchern (*Cahiers*) eine indirekte Vorgehensweise: »Das Objekt meiner Untersuchung ist nicht das Übernatürliche, sondern diese Welt. Das Übernatürliche ist das Licht. Man sollte aus Furcht davor, es zu reduzieren, nicht wagen, es in ein Objekt zu verwandeln « (OC VI, 2 245). Das bedeutet aber nicht, dass sie deswegen ihre wissenschaftliche Rigorosität aufgäbe, denn ohne diese wären die Sozialwissenschaften nicht haltbar, wie Weil in *L'Enracinement* schreibt (OC V, 2 358). Ob sie ihren eigenen hohen Ansprüchen gerecht werden kann, ist wieder eine andere Frage.

103 Zu ihrem Verständnis der Philosophie, siehe OC VI, 4 362.

## Ein existentieller Beweis des Übernatürlichen als des Guten schlechthin

Die Anthropologie eröffnet indirekte Pfade zum Übernatürlichen, denn im Tiefsten der menschlichen Person deutet etwas auf eine andere Realität hin, ja verlangt sie sogar. Es gibt im Menschen ein Bedürfnis nach dem absolut Guten, welches »im Zentrum des menschlichen Herzens« angesiedelt und für die menschliche Erfahrung bestimmend ist, wie Simone Weil in ihrem Entwurf schreibt. Man darf annehmen, dass Menschen, wenn sie nicht völlig verzweifelt und zynisch sind (und selbst dann), sich nach mehr sehnen in ihrem Leben, nach etwas Größerem, nach absoluter Erfüllung, selbst wenn sie diese nicht benennen können. Wie der Poet Wordsworth wünschen sie sich vielleicht nostalgisch ihre Jugend zurück, das damals empfundene Glück, und glauben, dass es nur in der kindlichen Unschuld wiedergefunden werden kann. Wie die Romantiker suchen sie nach der »blauen Blume« der erfüllten Sehnsucht. Oder sie glauben, dass sie Erfüllung in ihrer Arbeit, im Ruhm, in leidenschaftlicher Liebe oder einem vergleichbaren Gut finden. Augustinus und Pascal haben sich mit diesem Phänomen befasst und gezeigt, wie nur etwas Absolutes diese unendliche Sehnsucht stillen kann.[104]

Gleich Simone Weil ziehen sie dazu einen existentiellen Beweis heran, welcher bei der fundamentalen

104 Denn, wie sie in »La personne et le sacré« schreibt, gibt es etwas »Heiliges in jedem Menschen«, welches ihn »trotz aller Erfahrung von begangenen, erlittenen und bezeugten Verbrechen erwarten lässt, dass ihm Gutes und nicht Schlechtes zu Teil werden wird« (EL 11, 13). Der Mensch wird durch seine mögliche Orientierung zum Guten hin definiert, und dies konstituiert in Weils Augen seine Würde.

menschlichen Erfahrung dieser frustrierten unendlichen Sehnsucht ansetzt. Denn wenn man ehrlich mit sich selbst ist, wird es einem bewusst werden, dass kein endliches Wesen, auch keine Arbeit oder Kunst oder Ehre oder Macht, und auch kein Gatte oder Liebhaber einem je die ersehnte, absolute Erfüllung zuteil kommen lassen können. Enttäuschung folgt auf Enttäuschung, auch wenn einem menschlich gesehen alles gelingt (Erfolg, Gesundheit, eine glückliche Ehe etc.). Denn die Hoffnung auf das absolute Glück zerfließt im Sand, wenn man das Ersehnte erreicht hat. Sich dessen bewusst zu werden, ist allerdings so erschreckend, es bedeutet einen so schmerzhaften Tod alles menschlichen Strebens, dass viele diesen Illusionen lieber weiter zum Opfer fallen (OC IV, 1 277 u. 285f.).[105] So schreibt Pascal, dass Menschen ihr Leben mit der Suche nach Eitelkeiten verbringen und diese wie ein Schild vor sich halten, um sich damit den Blick auf den Abgrund des näher rückenden Todes zu versperren.[106] Der traurigen Wahrheit jedoch ins Auge zu schauen, dass nichts in der Welt diesen existentiellen Durst löschen kann, bedeutet einen Aufbruch, welcher, wenn man nicht aufgibt, zu der Begegnung mit dieser anderen Welt führt.[107]

105 »Réflexions sans ordre sur l'amour de Dieu«, in: OC IV, 1 S. 272–279.

106 Pascal Nr. 226 [27].

107 Aber ist dieser Glaube an das Übernatürliche nicht einfach eine Form der Wirklichkeitsflucht, welche den Gedanken an den Tod erträglicher macht? Simone Weil ist sich dieses möglichen Einwandes bewusst. Aber das absolut Gute verlangt, dass man es um seiner selbst willen bejaht, ohne Glücksversprechen für diese Welt, noch – so Weil in ihrer Radikalität – für die nächste. Ihm nachzufolgen bedeutet, sich selbst zu sterben, und beseitigt nicht das Leid, wie Drogen das zumindest zeitweise tun. Außerdem steht Simone Weil der Idee einer persönlichen

An anderer Stelle führt Simone Weil verschiedene Möglichkeiten an, wie man das Übernatürliche erfassen kann. Im Kontext ihrer Präambel deutet sie die gerade erklärte, existentielle Beweisführung nur an: nur etwas absolut Gutes kann das menschliche Herz wirklich erfüllen, wie die Erfahrung zeigt, und dieses absolut Gute ist nichts anderes als diese »andere Realität« oder das Übernatürliche.[108] Seine vornehmliche Eigenschaft ist deswegen nicht, dass es sich außerhalb dieser Welt befindet, wie der Begriff annehmen lässt, sondern dass es inhärent und bedingungslos gut ist, in jeder Hinsicht, für alle Zeiten und an jedem Ort, unabhängig von den Interessen, der Kultur und dem Glauben eines Individuums. Letztere können zwar ein Hindernis darstellen für das Wahrnehmen seiner Existenz und selbst zu seiner Ablehnung führen, aber das ändert nichts daran, dass es in sich vorbehaltlos gut ist.

## Das absolut Gute erkennt man mit dem Herzen

Was die Erkenntnis dieses absolut Guten schwierig macht, ist, dass es normalerweise in dieser Welt nicht in seiner reinen, makellosen Form durch rein mensch-

---

Auferstehung skeptisch gegenüber. Sie spricht selbst von der Notwendigkeit eines »reinigenden Atheismus«, der einen von den eigenen Idolen ablöst, um das Gute um seiner selbst willen zu suchen (OC VI, 2 339 u. 511).

108 Da das Gute etwas *sui generis*, d.h. eigener und nicht reduzierbarer Art ist, kann es durch nichts anderes bewiesen werden als durch sich selbst, indem man es analysiert, seine Merkmale untersucht und aufzeigt, in welcher Weise es sich den Menschen manifestiert. Es kann nur wie in einem Relief hervorgehoben werden. Wenn man allerdings versucht, es auf etwas Anderes zu reduzieren, dann wird man seiner Natur nicht gerecht, sondern verzerrt sie.

liches Bemühen Eingang finden kann – nicht weil es in die Wirklichkeit nicht einbrechen könnte, sondern weil Menschen dazu neigen, in einer Welt der Schatten zu leben, der *pesanteur* (dem Prinzip der moralischen Schwerkraft) unterworfen. Obwohl das absolut Gute nicht dazu gezwungen werden kann, sich zu manifestieren, gibt es bestimmte Gesetze, welche – wenn man ihnen folgt – seine Offenbarung gewährleisten, auch wenn der Zeitpunkt dafür nicht im Voraus bestimmt werden kann. Wenn jemand all seine Aufmerksamkeit und Liebe auf das Gute richtet, wie Simone Weil in ihrem Entwurf schreibt, wird er es schließlich erkennen dürfen. Tatsächlich wird es jeder finden, der sich ehrlich bemüht und in dieser sehnenden Kontemplation ausharrt. Das Gute wird zuerst »zu ihm hinabsteigen«, um sodann »durch ihn auch auf alle Umstehenden auszustrahlen« (OC V, 2 97). Wenn also jemand mit ganzer Aufmerksamkeit auf diese andere Realität hofft – selbst wenn er an ihrer Existenz zweifelt –, kann er gewiss sein, das Übernatürliche eines Tages erfahren zu dürfen.

Simone Weil spricht hier nicht von einem in einem Labor nachvollziehbaren Experiment, noch von etwas, das den Sinnen zugänglich wäre. Aber das Übernatürliche folgt Gesetzmäßigkeiten, welche noch rigoroser und präziser sind als die der Naturgesetze. Wenn bestimmte Bedingungen erfüllt sind (nämlich intensive Sehnsucht und liebevolle, durchdringende Aufmerksamkeit), dann wird sich einem diese andere Wirklichkeit offenbaren.[109] Dies wird freilich nicht primär durch die Wahrnehmung oder den Verstand geschehen (obwohl diese sie vielleicht bestätigen können), sondern durch das Herz, von dem

109 OC V, 2 328–9; OC VI, 2 236, 360. Obwohl der Verstand »das Mysterium selbst nicht kontrollieren kann«, kann er »die Wege, die zum Mysterium führen, kontrollieren« (OC VI, 4 174).

Pascal schon gesagt hat, dass es »seine Gründe hat, die der Verstand nicht kennt« (»le cœur a ses raisons que la raison ne connait point«).[110]

Das Herz ist kein romantischer Begriff und keine irrationale Ausrede, wenn harte Tatsachen fehlen, sondern die Anerkennung einer anderen Art des Wahrnehmens, welche diesen anderen Modalitäten der Realität angemessen ist. Dies geht zwar eindeutig gegen die Grundsätze des Rationalismus, Empirismus, und Positivismus, worüber Simone Weil sich bewusst ist, doch gerade eine rationale Philosophie sollte prinzipielle andere Wahrnehmungsarten akzeptieren. Denn es sind gerade Weils rigorose Prinzipien, die sie die Ansicht vertreten ließen, die Wissenschaft müsse gegenüber der ganzen Wirklichkeit offen sein und nicht nur gegenüber derjenigen, welche bestimmte Kriterien (etwa dasjenige der Messbarkeit) erfüllt. Sie ist nicht allein in dieser Annahme, wie die Philosophen der realistischen phänomenologischen Schule, zum Beispiel Max Scheler, Edith Stein und Dietrich von Hildebrand, bestätigen. Letztere haben untersucht, in welcher Weise das Herz, zum Beispiel, Zugang zu Gegebenheiten zu schaffen vermag, die zentral für das menschliche Leben und das menschliche Glück sind.[111]

110 Pascal Nr. 477. Ich beuge den Sinn des Pascalschen Zitats hier ein wenig, da Pascal eher von dem *l'esprit de finesse* im Kontrast zum *l'esprit de géometrie* spricht als von der Erkenntnis, die durch Liebe oder Empathie erreicht werden kann (siehe Hide Ishiguro, »Myths and False Dichotomies«, in: *Social Research*, 52, 2 (1985), S. 363–381, S. 370).

111 Siehe Max Scheler, Der Formalismus in der Ethik und die materiale Wertethik, Bern: Francke Verlag, 1966, S. 386–9. Erwähnt von John F. Crosby in, »On Empathy«, in: *Fides Quaerens Intellectum* 2,1 (2002), S. 23–53, S. 29. Siehe auch Edith Stein, *Zum Problem der Einfühlung, Gesamtausgabe,* Maria Antonia Sondermann OCD, Karmel

Welche Leiden und Gefühle der andere erlebt, könnte ansonsten nicht wirklich erfahren werden. Wenn auch diese Erkenntnisse angewiesen sind auf Ausdrucksweisen, welche Sinne und Verstand erfordern (etwa Worte, ein schmerzerfüllter Blick oder eine liebevolle Berührung), können sie auf diese nicht reduziert werden. Eine andere Person kann man nicht auf einer tieferen Ebene erkennen, ohne dass das Herz ins Spiel kommt. Manche Menschen kann man wegen familiärer Verknüpfungen oder Ähnlichkeiten zum eigenen Charakter leichter »entziffern«. Andere hingegen bleiben ein verschlossenes Buch, wenn sie sich nicht preisgeben oder wenn man sie nicht mit dem Blick der Liebe anschaut.[112] Warum dieser Wahrnehmungsmodus *par excellence* auch für die »andere Realität« nötig ist, wird bald deutlicher werden.

---

»Maria vom Frieden« zu Köln (Hrsg.), Bd.5, Freiburg: Herder, 2008. Dietrich v. Hildebrand, *The Heart: An Analysis of Human and Divine Affectivity*, South Bend/In: St Augustine Press, 2012.

112 Obwohl besagte Philosophen (von Hildebrand *et al.*) Aspekte untersucht haben, welche Simone Weil nicht analysiert hat, ist doch Weils Begriff von *lecture*, d.h. wie man bestimmte Situationen und Menschen lesen soll, den Untersuchungen dieser Phänomenologen in mancher Hinsicht ähnlich (»Essai sur la notion de lecture«, in OC IV, 1 S.73–79, 77f.) (»Dieu dans Platon«, OC IV, 2 91f.). Um dem anderen gerecht zu werden, muss man eine Haltung von *non-lecture* annehmen, d.h. nicht beanspruchen, den anderen ganz »erfassen« zu können stattdessen ihm den nötigen Raum geben, sich zu entfalten. Den anderen mit seinen Schwächen zu ertragen, jedoch ohne ihn darauf zu reduzieren, erfordert, dass ich mich zurücknehme, und ist damit Ausdruck wahrer Nächstenliebe. *Non-lecture* bedeutet also nicht Desinteresse oder Mangel an psychologischer Finesse, sondern die demütige Anerkennung, dass der andere meine Auffassungsgabe übersteigt.

## Das Verhältnis zwischen Natur und dem Übernatürlichen

Diese andere Wirklichkeit ist, wie Weil in ihrem Entwurf hervorhebt, die »einzige Quelle alles Guten« in dieser Welt, aus der »alle Schönheit, alle Wahrheit, alle Gerechtigkeit, alle Legitimität« und alle guten Taten entspringen (OC V, 2 96).[113] Das makellos Gute, reine Schönheit, Wahrheit und Gerechtigkeit, unberührt von Ideologie, Vorurteil und Leidenschaft, können nicht rein menschlich erklärt werden. Sie können das Herz bis in seine Fundamente erschüttern, weisen auf das Höhere hin, versprechen Erfüllung und lassen bewusstwerden, dass das Immanente nicht das letzte Wort hat.[114] [115]

Insofern ist das übernatürlich Gute nicht »eine Art von Hinzufügung an das natürlich Gute, wie uns mit dem Hinweis auf Aristoteles, zu unserer größeren Bequemlichkeit gesagt wird«, so Simone Weil in ihrem Essay »La Personne et le Sacré« von 1943 schreibt (EL 29). Die menschliche Natur, ohne diese vollzogene Orientierung zum absolut Guten hin, verpasst ihre Berufung, scheitert, und die Person läuft Gefahr, auseinander zu brechen. In dieser Hinsicht steht Simone Weil Henri de Lubacs Analyse des Übernatürlichen nahe (dessen Werke sie wahrscheinlich nicht gelesen hat), wie Pacheco Gonçalves es in seinem oben zitierten Artikel darlegt.

113 Siehe auch OC V, 2 272.

114 Simone Weil, »[Sur le Phèdre et Le Banquet]«, in: OC IV, 2 S. 689–692, 690.
Der Mensch, der im Übernatürlichen verankert ist, leistet dem Zeitgeist Widerstand und wird selbst zu einem Zentrum geistiger Schwerkraft. Deswegen nennt Simone Weil ihn einen »König«, was auch immer seine gesellschaftliche Stellung sein mag (OC VI, 3 180).

115 CSW 35,2 (2015), S. 215–231, S. 216.

Setzt Weil hier stillschweigend voraus, dass es nichts wirklich bedingungslos Gutes in dieser Welt geben kann? Nein, das ist nicht der Fall. Aber dieses unbedingt Gute ist nicht durch die immanenten Gegebenheiten dieser Welt erklärbar; es muss seine Quelle von woanders herhaben. Eine scheinbar unendliche Liebe (wie die von Mutter Teresa) gegenüber den Schwächsten verlangt eine Erklärung, welche über humanitären Altruismus, selbstsüchtigen Aktivismus oder morbiden Voyeurismus hinausgeht (OC VI, 2 136, 473f.). Obwohl Weil ein gesundes Misstrauen gegenüber Fanatismus hegt, der sich von ideologischen Vorgaben oder einem falschen Glauben nährt, scheinen diese Motivierungen nicht auf diese oder ähnliche Fälle zuzutreffen (ebd. 192).[116]

Simone Weils Begriff dieser anderen Wirklichkeit ist stark platonisch geprägt. Der Einfluss Platons auf sie stammt noch aus der Zeit ihres Griechisch-Unterrichts, den sie als Jugendliche genossen hat, wie Monique Broc-Lapeyre in ihrem Artikel »L'autre côté du ciel« schreibt.[117] Von Platon übernimmt sie die Idee, dass es zwei Realitäten gibt: eine von der Notwendigkeit bestimmte sowie eine andere, deren Reich das absolut Gute ist. Das Paradox, inwiefern diese beiden Realitäten nebeneinander oder miteinander zu existieren vermögen (also die Spannung zwischen der Notwendigkeit und

116 Mutter Teresa ist von Christopher Hitchens und anderen verleumdet worden. Ich kann in diesem Kontext nicht auf diese Anklagen eingehen. Siehe dazu: der Artikel von William Doino »Mother Teresa and her Critics« (https://www.firstthings.com/web-exclusives/2013/04/mother-teresa-and-her-critics). Man denke ferner an andere Heilige, etwa an einen Maximilian Maria Kolbe, der sich freiwillig anbot, den Platz eines anderen, zum Verhungern verurteilten Konzentrationslagergefangenen einzunehmen.

117 CSW 35,2 (2015), S. 215–231, S. 216.

dem Guten, den die Theodizeereflexion zu klären versucht), bleibt ihr Leben lang ein wichtiges Thema. Das absolut Gute kann sehr wohl inkarniert werden. Wie gerade gezeigt, hat es seinen Ursprung allerdings nicht in dieser Welt. Wer sich vom unbedingt Guten motivieren und verwandeln lässt, erfährt als Mensch zwar immer noch die unausweichliche Last von Leid und Tod, jedoch keinen Abbau seines Gutseins, zumindest nicht ohne seine Einwilligung.[118] Man kann das übernatürlich Gute am konkreten Beispiel heroischer Nächstenliebe erfahren oder etwa in einer Person, die sich radikal an diesem Guten ausrichtet. Mehr noch, diese Erlebnisse können Brücken zum Übernatürlichen hin werden.

## Metaxy: Brücken zu der »anderen Wirklichkeit«

An verschiedenen Stellen ihres Oeuvres spricht Simone Weil von Brücken,[119] welche zum Transzendenten hinführen, von Wegen, Gott oder das Gute implizit zu lieben, von Spalten, durch welche das Übernatürliche sich kundtun kann: die Schönheit in der Kunst oder in der Liturgie, die Liebe zum Nächsten, die Freundschaft oder auch mathematische Wahrheiten.[120] Schönheit ist den Menschen im Prinzip am leichtesten zugänglich, da es in Weils Augen das einzige *Transzendentale* ist, welches in Platons allegorische Höhle hinabsteigt. Die Menschen

118 Dies ist in meinem Artikel über die Banalität des Bösen schon deutlich geworden.

119 So übersetzt die französische Philosophin das griechische Adverbiale »metaxy«, was »zwischen« heißt, und verwandelt es in ein Nomen, d.h. »das Dazwischen« oder »die Brücke«.

120 OC IV, 1 285f.; OC IV, 2 262, 288f., 292. Siehe auch OC VI, 3 127, 310.

sind angekettet, von Schatten umgeben, unfähig, die Wirklichkeit zu erkennen, bevor sie nicht eine radikale Umwandlung erfahren, so dass daraufhin ihre Ketten brechen, ihre atrophierten Glieder wieder mobil werden und den steilen Weg hinauf in das blendende Sonnenlicht klettern, wo sich ihnen schließlich das Gute, die Wahrheit, die Gerechtigkeit etc. offenbaren. Die Schönheit allerdings offenbart sich schon in der Höhle und spricht zu den Gefangenen von einer anderen Welt, *bevor* sich in ihnen ein innerer Wandel vollzogen hat.[121] [122]

Jeder trifft auf diese *metaxy* in seinem Leben, wenn sie auch von unterschiedlicher Anziehungskraft sind. Aber wie kann der Mensch sich ihrer Gegenwart bewusstwerden, wenn er in einer Scheinwelt lebt? Gemäß Weil, so dargelegt in »Morale et littérature«, leben wir in einer Traumwelt, in welcher wir uns unsere Vergangenheit vorgaukeln und uns in unsere Zukunft hineinprojizieren (OC IV, 1 92). Weil interpretiert die Schatten in Platons Höhle nicht nur als den Wunsch, Gedanken an Leid und Tod sowie den eigenen Fehlern zu entkom-

---

121 Man könnte noch hinzufügen, dass das Gute sich ihnen auch durch die Erzieher mitteilt, welche wieder in die Höhle zurückkehren. Sie reflektieren selbst das Gute, da sie es sich zu eigen gemacht haben.

122 Chenavier fragt sich in seinem Artikel »Les usages du surnaturel«, ob es zwei Wege zum Übernatürlichen gibt: einen verstandesmäßigen, wie im Höhlengleichnis, und einen anderen, von der Liebe motivierten, wie im *Phaidros,* wo der Wagenlenker das wilde Pferd seiner Begierden kontrollieren muss, damit seine Sehnsucht in die rechten Bahnen gelenkt wird und er die himmlischen Ideen schmecken kann (in: CSW 34,4 (2011), S. 385–394, S. 386). In ihren Notizbüchern gibt Simone Weil selbst die Antwort darauf, wenn sie schreibt, dass »es letztendlich nur einen Weg des Heiles bei Platon gibt; die verschiedenen Dialoge zeigen die unterschiedlichen Teile des Weges« auf (OC VI, 3 60).

men, sondern auch als die Auswirkungen von Ideologie, welche durch Propaganda und Gruppendenken verstärkt sind. Die schlimmste Konsequenz dieser schattenhaften Welt besteht darin, Gut und Böse auszutauschen. Beeinflusst vom Romantizismus, tendiert man irrigerweise dahin, zu glauben, das Gute sei monoton und unattraktiv, das Böse dagegen überraschend und aufregend. In Wirklichkeit ist das genaue Gegenteil der Fall. Nur wenn man eine Fälschung, nämlich Selbstgerechtigkeit, Bigotterie und Scheinheiligkeit, für das wahre Gute hält, ist es unattraktiv. Das authentisch Gute überrascht jedes Mal aufs Neue, entzückt das Herz und wird niemals langweilig. Das Böse andererseits bietet einem lediglich die monotone Wiederholung des Immergleichen, bis es widerwärtig wird. Don Juan sehnt sich in eintöniger Weise nach stets neuen Eroberungen, der Geizige stets nach noch mehr Geld. Selbst das komplette Register der Laster ist bald aufgebraucht und endet oft in trostloser Abhängigkeit. Dantes Darstellung des Teufels als die Gestalt, welche im Eis eingeschlossen und unfähig ist, seinen Hass zu überwinden, verkörpert daher die Natur des Bösen perfekt.

Wie jedoch können Menschen aus dieser Schattenwelt, in die sie geboren wurden, ausbrechen?[123] Wie schon erwähnt, ist Schönheit einer der Schlüssel, wie auch andere: die Wahrnehmung der ewigen Wahrheiten im Bereich der Mathematik, der Nächstenliebe, der Freundschaft, des Guten, in den Heiligen oder übernatürlich in der Eucharistie und der Liturgie.[124] In »Morale et littérature« geht Simone Weil von der Annahme aus, dass nur die Begegnung mit dem extrem Bösen oder mit

123 Simone Weil vergleicht in »Dieu dans Platon« die Situation der Gefangenen in Platons Höhlengleichnis mit der Erbsünde (OC IV, 2 96).

124 Siehe Fußnote 120.

der Heiligkeit die Menschen uns aus der permanent gelebten Lüge wachrütteln kann (OC IV, 1 92). Wenn man Zeuge eines Genozids wird, kann man sich nicht länger vormachen, das radikal Böse sei inexistent (es sei denn, man ist ideologisch verblendet). Auf solchem Weg kann paradoxerweise als Kontrast das Böse zum absolut Guten führen, wenn es auch *sensu strictu* nicht selbst eine *metaxy* ist.

Insofern gibt es viele Arten, das Übernatürliche wahrzunehmen, von denen zumindest manche jedem zugänglich sind.[125] Keiner kann sich einer Entscheidung für oder gegen das übernatürlich Gute entziehen (EL 29; OC IV, 2 288f).[126] Wenn ein Individuum das absolut Gute nicht bejaht, sondern nur die Art von Gutem, welche das Gegenteil des Bösen ist, dann hat es das Böse nicht wirklich zurückgewiesen. Solch ein rein menschliches (immanentes) Gutsein wäre, zum Beispiel, die Verachtung, welche die sogenannte anständige, aber in Wirklichkeit selbstgerechte Frau gegenüber einer Prostituierten empfindet (OC VI, 2 125f.). Erstere ist nicht besser als letztere – nein, vielleicht sogar schlimmer aufgrund ihrer Heuchelei –, und ihre Wahl »des Guten« gereicht ihr zur Verderbnis. Hätte sie das *absolut* Gute gewählt, wäre sie auf die andere mit Mitgefühl, ohne sie zu verurteilen, zugegangen (in einer Haltung der *non-lecture*). Ebenso hat jemand, der zwar eine humanitäre Sichtweise hat,

125 In ihren Notizbüchern schreibt sie, zum Beispiel, dass »der Mensch den Gesetzen dieser Welt nur eine Blitzessekunde entkommt. Momente von Innehalten, der Kontemplation, der reinen Intuition […]. Durch diese Momente ist er des Übernatürlichen fähig« (OC VI, 2 201).

126 Leider geschieht die Wahl für das Schlechte in einem Zustand halben Bewusstseins, sobald man die Wahrheit verworfen und stattdessen die Schatten gewählt hat (PSO 77f.).

dem anderen aber nicht konkret hilft, darin versagt, das absolut Gute zu wählen. Keine Wahl treffen zu wollen ist im Übrigen auch eine Entscheidung. Wenn man das Übernatürliche, das absolut und in sich Gute, weder explizit noch implizit wählt, zum Beispiel durch reine Akte der Nächstenliebe, hat man sich dagegen entschieden. Es gibt außerdem keinen bequemen Kompromiss, nämlich so zu tun, als lebe man in einer immanenten Welt ohne radikale Anforderungen. Solch einen Mittelweg zu suchen, führt letztendlich dazu, sich wie eine Wetterfahne nach dem Zeitgeist zu drehen, seinen eigenen Leidenschaften und den modernen Ideologien ausgesetzt, da einem die einzig feste Richtlinie fehlt, die einem erlauben würde, Widerstand zu leisten. Sich für das absolut Gute zu entscheiden, bedeutet hingegen, seine menschliche Berufung zu erfüllen.

Das heißt allerdings nicht, dass nur gläubige oder fromme Menschen die richtige Wahl treffen können (im Gegenteil, es kann ihnen durchaus wie den Pharisäern gehen, dass sie nämlich das nur scheinbar Gute, *id est* ihre eigene Rechtschaffenheit, wählen). Die Entscheidung für das absolut Gute mag implizit geschehen, wie auch die Wahl, Gott zu gehorchen und zu lieben, so wie Simone Weil das in den »Formes de l'amour implicite de Dieu« ausdrückt.[127] Eine Person mit einer säkularen Weltsicht kann, ohne es zu merken, doch dem absolut Guten entsprechen. Dies würde die Überraschung derer beim letzten Gericht erklären, die nicht wussten, dass sie Christus gekleidet und genährt hatten, als sie den Armen dienten.

127 OC IV, 1 285 ff. Zur näheren Erklärung der impliziten Liebe oder des impliziten Glaubens an Gott, siehe meine Aufsätze über das Böse und über die Vielfalt der Religionen in diesem Band.

## Andere Arten der Argumentation

Weil bietet jedoch nicht nur einen existentiellen Beweis für »diese andere Realität«, sondern macht auch Gebrauch von anderen Argumenten. Interessanterweise ist Weils ausführlichste Analyse des Übernatürlichen in ihrem Artikel »Y a-t-il une doctrine marxiste?« zu finden. Zwar ist der Marxismus materialistisch, jedoch ist es nach Weil unmöglich, ein widerspruchsfreier Materialist und Marxist zu sein, außer man würde das Gute in jeder Hinsicht ignorieren. Allerdings setzt der Marxismus das Gute gerade voraus, wenn er annimmt, dass das Proletariat eines Tages absolute Gerechtigkeit – durch den dialektischen Materialismus hervorgebracht – gewährleisten wird. Dies erklärt sich gemäß Weil daraus, dass »das Sein des Menschen nichts anderes ist, als ein kontinuierliches Streben nach einem unbekannten Guten«, nach absoluter Erfüllung, welche nur das unendlich Gute geben kann (OL 164). Ein Individuum mag sich zwar theoretisch als Determinist bezeichnen, wird sich aber praktisch – bewusst oder unbewusst – widersprechen. Insofern bezeichnet sie den Marxismus als eine Form von minderwertiger Religion, als ein »Opium für das Volk« (dessen der Marxismus das Christentum ironischer- und fälschlicherweise bezichtigte), welches ihnen ein illusorisches, sogenanntes absolutes *bonum* in ferner Zukunft verspricht (ebd. 229). Dies ist im Kern jeder Ideologie und jedes totalitären Regimes enthalten: die Behauptung, etwas utopisch Gutes hervorzubringen, während die dazu verwendeten, endlichen Mittel niemals von sich aus etwas Absolutes hervorbringen können (und im Gegenteil viel Böses im Namen der zukünftigen Utopie bewirken). Der Marxismus beansprucht fälschlicherweise, die Notwendigkeit und das Gute vereinen zu können (die Notwendigkeit, die über diese Welt regiert und jeden unterwirft, während jeder das Gute in irgendeiner Form ersehnt) mit der Behauptung, dass die Notwendigkeit von sich auch das Gute hervorbringen könnte. Die Versuchung ist groß, dem Marxismus Glauben zu schenken, dass diese schmerzhafte Spannung überwunden werden kann, indem man sie schlicht und ergreifend negiert. Jedoch müssen sowohl die Notwendigkeit als auch das absolut Gute in ihrer Spannung zueinander in Betracht gezogen werden, um der Wirklichkeit gerecht zu werden.[128]

Obgleich man aus positivistischer Perspektive das rein Gute nicht verifizieren oder widerlegen kann, da es die menschlichen Fähigkeiten überschreitet, hat das Übernatürliche sichtbare Auswirkungen auf einer niedrigeren Stufe der Realität (OL 231f.). Simone Weil benutzt als Analogie eine Insel mit blinden, von der Welt abgeschnittenen Einwohnern, für die Licht wie für uns das Übernatürliche ist. Diese Inselbewohner könnten ihre eigene Naturforschung betreiben, ohne die Lehre vom Licht mit einzubeziehen. Da das Licht kein Gewicht hat, nicht angefasst, geschmeckt oder gehört werden kann, gleichfalls keinen Widerstand leistet, wäre es für besagte Inselbewohner nicht verifizierbar und daher nicht existent. Aber ohne das Licht könnte man nicht das – trotz der Schwerkraft – existente Wachstum der Pflanzen erklären, noch das Faktum, dass Früchte und Gemüse reif werden (ebd. 231). Um die Wirklichkeit zufriedenstellend und rational begreiflich machen zu können, muss

128 Das konstituiert für Simone Weil die Größe des Christentums schlechthin: dass es nicht eine falsche Lösung für diesen Widerspruch findet, indem es fälschlicherweise verspricht, das Leiden zu beseitigen, vielmehr im Leid einen übernatürlichen Sinn und im Kreuz die schmerzhafte Einheit der Notwendigkeit und des Guten findet (OC VI, 3 64).

daher das Licht mit ins Kalkül gezogen werden. Analog kann man Heiligkeit, große Schönheit oder *Caritas*, die man in dieser Welt trifft, nicht ohne ihre übernatürliche Quelle erklären.

Ein weiterer Beweis für die Existenz des Übernatürlichen ist die universale Bestätigung aller »authentischen Religionen«. Für Simone Weil zeichnet sich eine authentische Religion dadurch aus, dass sie nicht der *force* (ein komplexer Begriff, ähnlich der Macht, der im dritten Kapitel näher erklärt werden wird) in der Form eines weltlichen Messianismus dient (indem man zum Beispiel alle Ungläubigen unterdrückt). Alle wahrhaften Religionen haben in ihrem Zentrum ein mystisches Element, eine Begegnung mit dem rein Guten, wie sie notiert. Wenn man auch beim Anblick der Vielfalt der Religionen leicht zum Skeptiker wird, glaubt Simone Weil, dass sie diesen gemeinsamen mystischen Kern teilen. Dass er in so vielen Kulturen gegenwärtig zu sein scheint, ist eine Bestätigung, wenn nicht ein Beweis im strikten Sinne für die Existenz des Übernatürlichen. Es würde zu weit führen, verschiedene Religionen miteinander zu vergleichen, aber Weils Behauptung verdient es, in Erwägung gezogen zu werden.

### Mystische Erfahrungen – Das absolut Gute ist/sind eine göttliche Person/Personen

Schließlich hält Simone Weil mystische Erfahrungen für legitime indirekte und äußerliche Arten der Verifikation des Übernatürlichen. Da sie sich den »menschlichen Fakultäten entziehen«, verbleiben sie geheimnisvoll, sogar für Mystiker (OL 231). Nur wenigen Menschen werden sie gewährt. Und wenn diese Personen allem Anschein nach weder verlogen, noch hysterisch oder wahnsinnig sind, so hat ihr Zeugnis Gewicht. Simone Weil spricht mit der Autorität aufgrund eigener mystischer Begegnungen, welche sie zu Lebzeiten, außer zwei oder drei Personen gegenüber, geheim hielt.[129] Seit ihren Jugendjahren war Simone Weil Agnostikerin, da sie glaubte, die Frage nach der Existenz Gottes könne nicht gelöst werden. Sie hatte nie erwartet, dass Gott sich ihr offenbaren würde.

Sie fürchtete sich vor Autosuggestion und begann fast ungewollt zu beten, als sie drei Jahre später das »Vater Unser« auf Griechisch auswendig lernte. Jedes Mal, wenn sie es mit der größten Aufmerksamkeit aufsagte, wurde sie aus Raum und Zeit herausgerissen und erfuhr eine mystische Begegnung. Christus, dem sie in diesen Augenblicken begegnete, war für sie mehr real als jeder andere Freund.[130]

Sich auf mystische Erfahrungen zu beziehen, scheint aus philosophischer Sicht das schwächste Argument zu sein. Es ist schwierig nachzuweisen, da es von der Ehrlichkeit eines Individuums wie auch von der Initiative Gottes abhängig ist. Jedoch offenbart das mystische Erlebnis, was der Kern des Guten ist, das sich in irgendeiner Form dem manifestiert, der das Gute mit Aufmerksamkeit und Liebe sucht: nämlich dass es letztendlich eine göttliche Person ist.[131]

---

129 Sie schreibt über diese nur vertraulich in ihren Briefen an Père Joseph-Marie Perrin (AD 44–49) und an den Schriftsteller Joë Bousquet (PSO 81).

130 OC IV, 1 278; PSO 81; AD 49.

131 Siehe dazu OC VI, 3 120: »Gott der nichts anderes als das Gute selbst ist«.
Eine mystische Erfahrung wird durch die intensive Einigung mit Gott charakterisiert, welche oft mit Ekstase einhergeht, und daher über die übliche Erfahrung des Guten durch die Brücken/*metaxy* oder durch das Gebet hinausgeht.

Dies erklärt eine Reihe von Sachverhalten. Zuerst einmal, warum das Übernatürliche nicht von allen jederzeit wahrgenommen werden kann. Obwohl es jeder, der sehnsüchtig darauf wartet, entdecken wird, so kann der Moment (besonders wenn es zu einer mystischen Begegnung kommen soll) nicht vorherbestimmt werden, da dies von der Entscheidung einer anderen Person abhängt. Genauso wenig, wie man einen anderen Menschen dazu zwingen kann, einem seine Aufmerksamkeit zu schenken oder mit einem zu sprechen, kann man auch Gott nicht dazu nötigen.[132] Obwohl man annehmen kann, dass ein unendlich guter Gott nicht willkürlich-launisch beschließen wird, ob überhaupt und wann er handelt, ist es immer noch *seine* Wahl, auch wenn diese von Gesetzen bestimmt wird, wie Simone Weil ergänzen würde. Eine wartende Haltung, die das Evangelium verlangt und für das spirituelle Leben überhaupt sehr wichtig ist, d.h. auf den Herrn zu hoffen, der wie ein Dieb in der Nacht kommt, ist die notwendige Bedingung, um ihn zu sehen (OC IV, 1 257, 259 u. 278). Ohne diese hoffende Wachheit wird man durch sein Leben schlafwandeln, um erst im nächsten aufzuwachen und wahrzunehmen, dass man sich gegen das absolut Gute entschieden hat, weil man es nicht ersehnt, geschweige denn ihm gehorcht hat.

Man könnte hinzufügen, dass die Sehnsucht nach dem Guten letztendlich – wenn man genau hinschaut – das Verlangen nach absoluter, unbedingter Liebe ist, welche ausschließlich eine absolut gute und unendliche Person zu schenken vermag. Es muss eine Person sein, denn ein Wesen ohne Verstand, Willen oder Herz kann keine Vereinigung schenken. Damit diese Verbindung einen vollständig erfüllt, muss diese göttliche Person absolut

132 Siehe Max Scheler, *Vom Ewigen im Menschen*, Bern: Francke Verlag, 1968, S. 331: »Nur eine Person kann schweigen.« Von Crosby zitiert auf S. 24.

und unendlich gut sein (denn selbst die kleinste Spur von Bosheit oder Unvollkommenheit würde eine vollkommene Kommunion verhindern). Mehr noch, diese göttliche Person (oder diese göttlichen Personen der Dreifaltigkeit) muss sich nach *Communio*, nach Gemeinschaft, sehnen. Dies alles setzt voraus, dass Liebe das Wesen Gottes ausmacht (OC IV, 2 91).[133] Auch hierin kann man erkennen, was die Natur dieser »anderen Realität« ist.

Diese Arten der Argumentation, welche von der Religionsphilosophie herangezogen werden, können den nicht zufriedenstellen, der von rein empirischen und rationalistischen Voraussetzungen ausgeht.[134] Aber Simone Weils Anspruch ist, dass »diese andere Realität«, auch wenn sie nicht als Gott selbst erkannt wird, gleichwohl verifizierbar ist in einem Bereich, welcher dem Verstand zugänglich ist, eine wichtige erklärende Funktion hat und strikten Gesetzen folgt, die nicht weniger, sondern mehr verbindlich sind als die Gesetze der Natur. Es war Weils Absicht, diese Gesetze aufzuzeichnen.

Das Wissen um das Verhältnis zwischen der menschlichen Person und dem Übernatürlichen verlangt eine größere Präzision als die, welche in Mathematik und Wissenschaft erforderlich ist, formuliert Weil etwas pointiert in ihren Notizbüchern (OC VI, 2 338). Aber

133 Gott ist die Liebe so »wie ein Smaragd grün ist« (OC VI, 4 171).

134 In ihrem Artikel »En quoi consiste l'inspiration occitanienne«, schreibt Simone Weil, dass, wenn man im Zeitalter der Aufklärung Platon gelesen hätte, dann »hätte man nicht Wissen und rein natürliche Fähigkeiten ›Licht‹ genannt«. Denn »das Bildnis der Höhle zeigt offensichtlich, dass der natürliche Zustand des Menschen die Dunkelheit ist, dass er in sie hineingeboren wird, in ihr lebt und in ihr stirbt, wenn er sich nicht dem Licht zuwendet, das von einem Ort herabsteigt, welches auf der anderen Seite des Himmels gelegen ist« (OC IV, 2 424).

um diese Art von Genauigkeit in der »übernatürlichen Erkenntnis« zu erlangen, muss die Wahrnehmung durch intensive Aufmerksamkeit fokussiert und durch die Linse der Liebe schärfer gestellt sein. In dieser übernatürlichen Wahrnehmung sind Gefühl und Geschmack analog: »Die Seele weiß nur gewiss, dass sie hungrig ist.« Denn »die Realität ihres Hungers ist keine Glaubensfrage, sondern Gewissheit« (OC IV, 1 333–334). Und »wenn man Brot isst, auch wenn man es schon gegessen hat, weiß man, dass das Brot real ist« (ebd. 335).[135] Wenn man das absolut Gute gekostet hat und weiß, wie es die Seele erfüllt (auch wenn dies das Kreuz miteinschließt), bezweifelt man nicht dessen Existenz.[136]

## Eine Wissenschaft der Seele

Auch wenn das Übernatürliche in geheimer Weise wie Hefe wirkt, und nicht wie Kollektivität oder totalitäre Regime, welche die Masse durch Zwang und Propaganda beeinflussen, wie Weil in »Cette guerre est une guerre de religions« schreibt, ist es deswegen nicht weniger real (EL 108). Wie man (im Gegensatz zur Hefe) beobachten kann, breiten sich Regime zwar schnell und weitläufig aus, haben aber andererseits keinen Bestand, da sie nicht auf einer bewussten und gut informierten Wahl der betroffenen Massen beruhen. Die Menschen können leicht dazu bewegt werden, sich in die eine oder andere Richtung zu verändern. Macht ist deswegen unstet und wechselt leicht

135 Siehe auch OC IV, 1 278.

136 »Trotzdem ist die Logik der übernatürlichen Vernunft rigoroser als die der natürlichen« (OC VI, 4 139).
Ich konnte hier nur die Rolle des Leides und des Kreuzes in Weils Philosophie andeuten. Für mehr Information, siehe das Kapitel über das Böse in diesem Band.

die Seiten, während eine übernatürliche Motivation, beispielsweise heroische Liebe, Berge versetzen und eine Zivilisation von Grund auf verändern kann (OC II, 3 236f). Deswegen dachte Simone Weil wie sie in ihrem Aufsatz von 1943 »Luttons-nous pour la justice?« schreibt, dass eine radikale Form der Liebe das Verhältnis der Kräfte zwischen dem besiegten Frankreich und der deutschen Besatzungsmacht verändern könnte.[137] Die Sehnsucht nach authentischer Gerechtigkeit, welche nichts anderes als eine »folie d'amour« (ein »Wahnsinn der Liebe«) ist, könnte die Franzosen dazu inspirieren, die deutschen Kommunikationslinien weitflächig zu sabotieren und damit deren Handlungsfähigkeit zu paralysieren. Diese Liebe soll England die Kraft gegeben haben, sich gegen Deutschland zu stellen, als *the Battle of Britain* ziemlich aussichtslos schien. Diese durch das absolut Gute inspirierte *folie d'amour* sollte daher nicht von der Realpolitik übersehen werden, denn sie kann die Situation grundsätzlich verändern (EL 57, 106f.). Wer hätte erwartet, dass, ausgelöst durch friedliche Großdemonstrationen, die UdSSR nach 70 Jahren in sich zusammenfallen würde?

Die andere Wirklichkeit kann das Kräfteverhältnis verändern, denn wie das kleine Senfkorn im Neuen Testament kann es zu einem Baum heranwachsen, in dem die Vögel des Himmels Platz finden (OC IV, 2 153). Die Gnade kann der *pesanteur* (der Schwerkraft im sittlichen Bereich) entgegenwirken, denn das Übernatürliche wirkt der *force* entgegen, welche ansonsten die ganze Welt unterwirft. Das absolut Gute existiert neben der Notwendigkeit und verändert meist unsichtbar den Lauf der Dinge (ebd. 287). Diejenigen, die von der Notwendigkeit erdrückt sind und leiden, können gleichwohl im Verborgenen durch das Gute verwandelt werden. Macht und Pres-

137 In: EL S. 45–57.

tige mögen die Welt regieren und Kriege hervorbringen, aber Inseln echter Liebe können trotzdem plötzlich auf unerklärliche Weise entstehen. Die Schwerkraft mag alles nach unten ziehen, aber die Gnade – vergleichbar dem Licht, welches die Pflanzen heranreifen lässt – schenkt dem Menschen die Flügel, sich zu erheben (OC VI, 3 44, 61, 65, 383). Obwohl, wie Simone Weil analysiert, Karl Marx Pionierarbeit geleistet hat mit seiner Erkenntnis, dass *force* im Zentrum zwischenmenschlicher Beziehungen steht, ist ihm doch ein wesentliches Element entgangen, nämlich: das Übernatürliche, welches das Spiel der Kräfte verändern kann (OL 225f., 231).

Denn diese »andere Realität« wirkt zutiefst verändernd, wenn man ihr mit Sehnsucht und Liebe entgegenkommt. Nur in ihrem Licht können Menschen verstehen, dass sie einer fundamentalen Umwandlung bedürfen.[138] Nur die Liebe selbst, d. h. Gott, kann Herzen aus Stein in Fleisch verwandeln, eine Wandlung, die das größte Wunder überhaupt ist. Deswegen ist »die einzige übernatürliche Tatsache hier unten die Heiligkeit selbst [...] es ist Tatsache, dass die göttlichen Gebote für diejenigen, die Gott lieben, ein Antrieb werden [...] wie Benzin für das Auto« (OC V, 2 332; OC VI, 2 151). Die Heiligen werden direkt durch das Gute genährt, dessen inkarnierte Gegenwart die Eucharistie ist).

Simone Weil steht Wundern allerdings sehr skeptisch gegenüber, da sie als direkter Eingriff Gottes die Naturgesetze aufheben würden, wo er doch die Sonne über Gerechte und Ungerechte aufgehen lässt. Aus Liebe hat

138 In ihren Notizbüchern schreibt Weil, dass »das Leben in uns von einer übernatürlichen Perspektive aus betrachtet, tot ist«. Indem man das Gute jedoch erkennt und ersehnt, bewirkt es in uns, wie das Chlorophyll in den Pflanzen, dass die Gnade herabsteigt und wie das Sonnenlicht neues Leben schafft (OC VI, 3 42).

Gott sich zurückgenommen, um seinen Geschöpfen die Freiheit zu lassen und erlaubt daher der Notwendigkeit, ihren Lauf zu nehmen.[139] Was wir als Wunder empfinden, wie zum Beispiel den Gang Jesu wie den des Petrus auf dem Wasser, ist in Weils Augen schlicht und ergreifend der Ausdruck anderer Gesetze, weniger bekannt als die Gesetze der Natur, aber nicht minder strikt (OC V, 2 330–334). Insofern wären diese Arten von Wunder das Zeichen von einer höheren Spiritualität, die dem Individuum als Fähigkeit quasi automatisch zukämen. Es würde allerdings hier zu weit führen, Weils Ideen zum Thema *Wunder* zu untersuchen. In diesem Kontext genügt es zu verstehen, dass sie sie nicht als Veranschaulichung oder Beweis des Übernatürlichen an sich sieht.

In ähnlicher Weise gibt es Prinzipien der menschlichen Seele und Psyche, die Weil ansatzweise hinsichtlich einer Wissenschaft der Seele skizziert hat (OC V, 2 357; OC VI, 1 309).[140] Die immanenten Gesetze dieser Welt bewirken zum Beispiel, dass Menschen des chronischen Leidens anderer müde werden und sie letztendlich, wie die Freunde Hiobs, selbst dafür verantwortlich machen. Menschen reagieren wie Hühner, welche auf ihren schwächeren Artgenossen herumhacken (OC IV, 1 350). Während für reinen Altruismus den Menschen oft die nötige Energie fehlt, anderen konstant mit ihrem ganzen Herzen zu dienen, finden dieselben Menschen die nötige Kraft, stundenlang für Lebensmittel Schlange zu stehen – wie etwa während der deutschen Besatzungszeit (OC

139 Für eine Analyse von Weils Ansätzen zum Thema der Theodizee, siehe das 6. Kapitel meines schon erwähnten Buches *Simone Weil's Apologetic Use of Literature* S. 143–177.

140 *Cahiers (1933 – septembre 1941), Œuvres complètes,* Bd. VI, 1 (OC VI, 1), Alyette Degrâces *et al.* (Hrsg.), [Paris]: Gallimard, 1994.

VI, 2 110). Um dieses Verhältnis der Kräfte zu verändern, muss ein neues Element dazu kommen, eine Energie, die von außen kommt, nämlich die Gnade, welche Menschen wie Mutter Teresa die Kraft gibt, sich um die chronisch Kranken und Ärmsten zu kümmern (ebd. 136). Reine menschliche Wärme, humanitäre Fürsorge und natürliche Güte werden sich auf lange Sicht erschöpfen. Es bedarf der *Caritas*, welche sich von der unendlichen Quelle der Liebe selbst nährt, um auszuharren. Wenn Menschen ohne religiösen Glauben diese Art der Liebe besitzen, dann – so würde Weil sagen – lieben sie Gott implizit.

## Schlussgedanken: Die Beziehung zwischen übernatürlicher Erkenntnis und Vernunft

Simone Weils zeitlos wahre Untersuchungen sind für unsere Epoche immer noch von großer Bedeutung. Wie das 20. Jahrhundert gezeigt hat, ist ein falsches Verständnis der Natur, des Übernatürlichen und ihrer Beziehung zueinander gefährlich. Denn Ideologien, von denen sich totalitäre Regime nähren, verwandeln ein begrenztes, natürlich Gutes in ein absolutes, pseudo-übernatürliches, welches eine utopische Zukunft verspricht. Obwohl die Versuchung der Idolatrie so alt wie die Menschheit selbst ist, hat die Moderne ihr zerstörerisches Potential vervielfacht. Es ist deswegen absolut notwendig, diesen götzendienerischen Ideologien zu widerstehen.

Das Übernatürliche existiert, wie Simone Weil zu zeigen versucht hat. Es ist fassbar, nicht weil es wissenschaftlich verifizierbar wäre, sondern weil seine Wirkung verfolgt, seine Gesetze aufgezeigt und seine Wirklichkeit erfahren werden kann. Es wäre hingegen engstirnig und reduktionistisch, Philosophie auf eine bestimme Art der Wahrnehmung zu begrenzen. Warum die naturwissenschaftliche Methode notwendigerweise auch auf die Geisteswissenschaften angewandt werden sollte, ist eine Frage, die erst beantwortet werden müsste, bevor man sie pauschal vertritt. Ist es nicht vernünftiger, eine Methode zu wählen, welche dem zu untersuchenden Objekt entspricht, anstatt dessen Existenz zu verneinen, nur weil es bestimmte Kriterien nicht erfüllt? Die blinde Negation wäre engstirnig, irrational und führte dazu, der Wirklichkeit nicht gerecht zu werden. Das würde bedeuten, den Karren vor das Pferd zu spannen – so als würde man Farben oder Musik das Existenzrecht absprechen, nur weil man blind oder taub ist. Natürlich kann in diesen Fällen die Mehrheit der Menschheit Blinden und Tauben die Realität von Farben und Tönen bezeugen. Aber wenn das Übernatürliche nur schwer– um Paulus zu paraphrasieren: *wie in einem Spiegel* – schattenhaft gesehen werden kann, wenn es bestimmte Haltungen voraussetzt und, wenn seine Offenbarung zudem von Gott abhängt, dann ist es nicht nur wenig erstaunlich, sondern auch höchst rational, dass nur Wenige ein mystisches Erlebnis haben (1 Kor 13:12). Andere werden auf indirektem Weg, wie oben erwähnt, sich der Existenz des Übernatürlichen bewusst werden.

Es wäre falsch, *prima facie* all das zu leugnen, was uns unverständlich ist. Simone Weil schreibt in ihren Notizbüchern: »Wir wissen mit Hilfe der Intelligenz, dass das, was diese nicht wahrnimmt, realer ist als das, was sie erfassen kann« (OC VI, 2 343). Da die Wirklichkeit reich und vielfältig ist, ist es normal, dass uns Vieles verborgen bleibt. Ein Beispiel dafür sind die Paradoxa.[141] Anstatt einer Hegelianischen Dialektik zuzustimmen, in der zwei sich widersprechende Positionen eine Synthese bilden,

141 Sie meint damit nicht Sachverhalte oder Behauptungen, welche dem Prinzip des Widerspruchs oder der Identität widersprechen würden.

definiert Weil die philosophische Methode damit, »unlösbare Probleme in ihrer Unlösbarkeit klar zu erfassen, sie dann zu betrachten – nichts weiter – zu fixieren, ohne aufzuhören [...] zu warten« (OC VI, 4 362).[142] Es käme einem Verrat gleich, würde man die eine Seite des Widerspruchs verneinen, um überhaupt zu einer, wenn auch falschen, Lösung zu kommen. Das Paradox konstituiert in Wirklichkeit eine Hebelkraft, welche einem erlaubt, von einer höheren Perspektive aus in das Mysterium des absolut Guten einzudringen. Es bedarf der radikalen Liebe zur Wahrheit, um die Realität in ihrer unfassbaren Tiefe zu akzeptieren, trotz der schmerzhaften Spannung zwischen dem Guten und der Notwendigkeit, des Leidens und der dunklen Nacht des (noch) Nicht-Verstehens.

Das Übernatürliche und die Gnade prinzipiell zu verneinen, heißt daher die Wirklichkeit zu verfälschen. Ebenso verhält es sich mit den Paradoxa, denn sie sind Zeichen des Übernatürlichen und bezeugen, dass die Realität nicht das Produkt unserer Einbildungskraft, unseres Gehirns oder unserer unbewussten Triebe ist, sondern dass diese Realität uns Widerstand leistet.[143] Die Mysterien des spannungsreichen Verhältnisses von Gnade

142 An etwas zu glauben, dass weder verifiziert noch bewiesen werden kann, bedeutet, wie Simone Weil in ihren Notizbüchern schreibt, »ihm nur ein gewisses Gepräge von Aufmerksamkeit zu schenken« (OC VI, 3 65). Ihr Ansatz ist also alles andere als fideistisch.

143 »Unser Denken versucht außerdem den Widerspruch loszuwerden und kann es nicht. Dieser kommt von außen. Er ist wirklich« (ebd. 64).

Lubac hat außerdem in *Le Surnaturel* geschrieben, dass Theologie die einzige Situation konstituiert »wo das Paradoxon das notwendige Zeichen der Wahrheit ist« (zitiert in Pacheco Gonçalves S. 249). Im Gegensatz dazu verneint der Häretiker die eine Seite des Paradoxons, wie Lubac in *Le Mystère du surnaturel* erklärt (ebd. 252).

und Freiheit, oder Notwendigkeit und Gutem, enthüllen eine Tiefe, der wir nicht gerecht werden können. Sie sind nicht das Gleiche wie Un-Sinn, die Konsequenz eines verwirrten Geistes, sondern zeigen uns, dass wir vor etwas stehen, das unseren Verstand weit übersteigt. Es bedarf der Kontemplation, um tiefer in das Paradox einzusinken, denn es ist »die Tür zum Übernatürlichen« und offenbart es. Simone Weil fährt fort: »Man kann nur anklopfen. Es ist ein anderer, der öffnet« (OC VI, 3 98).

Die Realität mit all ihren Facetten wahrzunehmen, Menschen von innen heraus mit liebevoller Empathie zu begegnen, sich dem Übernatürlichen tastend anzunähern – dies erfordert das Engagement der ganzen Person, ja sogar deren Umwandlung. Menschen sind nicht reiner Intellekt oder Monaden, für die nur rein empirisch verifizierbare Dinge existieren oder bedeutsam sind. In einer solch aseptischen, sterilen Welt zu leben, würde das Ende der Zivilisation bedeuten und zu einer »brave new world« führen, in welcher die Menschen ihr Herz und ihren moralischen Kompass verloren haben. Charles Dickens beschreibt in *Hard Times* die unmenschlichen Auswirkungen einer solchen utilitaristischen Weltsicht. Zwischen einer empirischen Weltanschauung und der eines Dickens, einer Simone Weil oder Dantes liegen in der Tat Welten. Denn Letztere sehen die Liebe als Zentrum des Universums. Da fällt, denke ich, die Wahl leicht. Und meiner Meinung nach ist ihr Ansatz außerdem verstandesmäßig zufriedenstellender. Zwar mag das Übernatürliche kleiner als ein Senfkorn sein, aber es kann zu einem archimedischen Punkt werden, von dem die Welt aus ihren Angeln gehoben werden kann.[144] Dies zu ignorieren, würde uns zum Nachteil gereichen.

144 Und verlangt ein inneres Sterben und Lösen von allem (ebd. 272).

Kapitel 3

# Gnadenlos – Simone Weils Kriegsverständnis im Lichte der *Ilias*[145]

Bis zu Hitlers Einmarsch in die Tschechoslowakei im Jahre 1939 war Simone Weil eine radikale Pazifistin. Ihren Gesinnungswandel konnte man nicht nur der heilsamen Erkenntnis zuschreiben, dass Hitler vor nichts zurückschrecken würde, um die halbe Welt zu erobern, sondern auch ihrem mystischen Erlebnis aus dem Jahre 1938. Simone Weils rationalistisch geprägte Idee, dass Intellektuelle ideologische Begriffe entschärfen und damit Konflikte lösen könnten, wurde von der Einsicht verdrängt, dass die universal regierende und irrationale *force* mit menschlichen Mitteln nicht zu bändigen sei. Im 2. Weltkrieg sah sie einen religiösen Krieg (denn in ihren Augen sind Ideologien eine Form von Idolatrie), der einer spirituellen Antwort bedurfte. Simone Weils berühmter Artikel »*L'Iliade* ou le poème de la force«, der vor Ausbruch des Krieges hätte erscheinen sollen, zeigt, dass sich ihr rein intellektueller Ansatz zu Gunsten einer übernatürlichen Auslegung verändert hat. Der Versuch einer rationalistischen Antwort auf den Krieg ist ungenügend. Nur die persönliche Bekehrung und die Bereitschaft, das eigene Leben aus Liebe zu opfern, führen zu einer zufriedenstellenden Lösung.

Weils origineller Aufsatz über die *Ilias* sollte ihre Leser auf den Krieg vorbereiten. Homers Epos sei ein Spiegel für ihre Zeit, erklärt Weil, »doch eine Art von

145 Dieser Aufsatz ist schon in einer leicht veränderten Version in *Communio* 43 (2014) S. 16–24 erschienen.

Fatalität bewirkt, dass wir lesen ohne zu verstehen« (OC II, 3 50). Wie sie in ihren Notizbüchern schreibt, offenbaren sich im Krieg übernatürliche Wahrheiten über das Böse, die zu deuten man lernen muss (OC VI, 3 271 u. 507 Fußnote 58). In ihrem Artikel versucht sie die in der *Ilias* verborgenen universellen Wahrheiten für uns zu dechiffrieren. Insofern leistet Weil nicht nur einen wichtigen Beitrag zu einem tieferen Verständnis der *Ilias*, sondern auch zu einer philosophischen Erklärung des Krieges.[146]

Wir werden diesen Artikel in seinem zeitlichen wie überzeitlichen Kontext untersuchen und ihn in die Entwicklung von Weils Kriegsverständnis einbinden. Ihre vorausgehenden und nachfolgenden Schriften zu diesem Thema können in diesem Rahmen nur kurz angesprochen werden.

## Weils rationalistischer Ansatz

Wie viele Intellektuelle zwischen den beiden Weltkriegen sah Simone Weil im Pazifismus die Antwort auf den Horror und die Absurdität des ersten Weltkrieges. Imperialistischer Ehrgeiz und strategische Inkompetenz führten zu einem langen Krieg, der Millionen Menschenleben kostete. Weil beteiligte sich bereits als Studentin an Unterschriftensammlungen und Demonstrationen. Im Jahre 1933 kristallisierte sich ihre Haltung zugunsten eines radikalen Pazifismus heraus. In ihrem Artikel »Réflexions sur la guerre« verurteilt sie jeglichen Krieg, da er zu Despotismus führe; nur eine soziale, gewaltlose

146 Ich greife in diesem Artikel zum Teil auf Kapitel 5 meines Buches *Simone Weil's Apologetic Use of Literature* zurück.

Revolution sei erlaubt.[147] Später würde sie ihre Einstellung zutiefst bereuen, die sie auf ihre schlechte Gesundheit zurückführte, welche ihr nicht erlaubt hatte, die politische Situation besser zu verfolgen (OC VI, 4, 374).

Im April 1937 erschien ihr wichtiger Artikel »Ne recommençons pas la guerre de Troie« in zwei Teilen in den *Nouveaux Cahiers*. Der Titel ist eine Anspielung auf Jean Giraudouxs Theaterstück, »La Guerre de Troie n'aura pas lieu« (1935), in dem sich die anfängliche Hoffnung auf Frieden am Ende als substanzlos erweist. Weils Warnung an ihre Zeitgenossen, diesen Krieg zu vermeiden, gibt sich wenig optimistisch. Die gefährlichsten Konflikte hätten eines gemeinsam, schreibt Weil: keinen klaren Zweck zu verfolgen. Dies sei ein Schlüssel zum Verständnis unserer Zeit, wie auch der Geschichte schlechthin (OC II, 3 49). In einem zwecklosen Krieg seien die gebrachten Opfer und die Gefallenen ein Grund dafür, ihn weiterzuführen; sonst müsste man zugeben, diese seien umsonst geschehen bzw. gestorben. »Dieses Paradox ist so gewaltig, dass es sich einer Analyse entzieht«, obwohl die meisten gebildeten Menschen »das perfekteste Beispiel« dafür, nämlich die *Ilias*, kennen würden. Für zehn Jahre kämpften die Trojaner und Griechen um eine Frau, die ihnen – Paris ausgenommen – völlig egal gewesen war. Die Disproportion zwischen dem Ausmaß des Krieges und seinem Zweck führe manche zu dem Schluss, dass Helena nur ein Symbol für etwas anderes sei; aber was dieses »etwas« sei, könne niemand sagen, denn es existiere nicht. Während Hele-

147 In: *Écrits historiques et politiques: l'engagement syndical (1927 – juillet 1934)*, Géraldi Leroy (Hrsg.), Bd. II, 1 (OC II, 1), 1988, S. 288–299.

In ihrem Brief-Fragment an René Belin von 1937 verbietet sie sogar jegliche Verteidigung mit Kriegsmitteln gegen Hitler (zitiert in der Einleitung von Simone Fraisse OC II, 3, S. 9–36, S. 15).

na zumindest eine Frau aus Fleisch und Blut war, seien wir heute bereit für etwas völlig Irreales zu kämpfen, nämlich für Worte wie »Nation«, »Kapitalismus«, »Kommunismus«, »Faschismus«, oder »Demokratie«. Wenn wir aber »eines dieser Worte, welches ganz aufgebläht ist von Blut und Tränen« zu sezieren beginnen, so »finden wir darin keinen Inhalt« (OC II, 3 51).

Warum sind Menschen bereit für sie zu sterben? Diese Begriffe treten in Paaren auf. So ist man zum Beispiel bereit, alles für den Kommunismus zu tun, wenn er nur den Faschismus zerstört und umgekehrt. Diese Worte seien leer, erklärt Weil, weil man nicht versucht, sie genau zu definieren und zu erklären, was sie eigentlich bedeuten. Würde man dies tun, dann könnten sie nicht mehr als »Standarte« dienen oder ihren Platz »im Rasseln der feindlichen Worte« einnehmen. Letztendlich sieht Weil den Krieg als ein Problem an, das man, wenn überhaupt, mit intellektuellen Mitteln lösen kann. Daher hat der Intellektuelle eine wichtige Rolle in dieser dekadenten Epoche zu spielen, in der diese Worte zu einer Form modernen Aberglaubens werden und als »Mythen und Monster« »unsere politische Welt« neu bevölkern (ebd. 51f.).

Weils Schlussfolgerung scheint, auch aus ihrer Sicht, übermäßig optimistisch zu sein. Die einzige Möglichkeit einer Lösung glaubt Weil auf ihre typisch paradoxale Weise in einem Wunder zu sehen. Es habe in der Geschichte friedliche Zeiten gegeben, also sei Friede nicht ein Ding der Unmöglichkeit. Mehr noch, »das menschliche Leben besteht aus Wundern« (ebd. 65). Auch die Stabilität einer gotischen Kathedrale kommt einem Wunder gleich.

Doch Weils Antwort ist nicht zufriedenstellend. Wer soll diesen wundersamen Frieden bewirken und wie? Das lässt sie offen. Wenn die menschliche Natur ausreicht einen Krieg zu erklären, wie Weil schreibt, was kann dann den Krieg verhindern (ebd. 51)? Der Intellekt allein vermag das nicht. Müsste nicht noch etwas von außen dazukommen, um Einfluss zu nehmen, etwas, was das rein Menschliche übersteigt, wie zum Beispiel die übernatürliche Gnade? Weils Hoffnungen von 1937 sind wie Seifenblasen, fragil und unrealistisch. Später, in ihrem Artikel von 1940 über Homers Epos hat sich ihr Ansatz schon drastisch verändert. Zu erklären ist diese Veränderung wohl durch das schon besprochene mystische Erlebnis vom November 1938.

## Ein Gedicht über die Macht

Weils Interpretation der *Ilias* ist höchst originell, denn sie sieht den wahren Protagonisten des Epos in der *force*, also nicht in Achilles, seinem Zorn, in Hektor oder in dem Konflikt der beiden Helden. *Force* dominiert die Trojaner und die Achäer, unabhängig davon, ob sie gerade die Oberhand haben oder nicht; Opfer und Sieger werden beide zum Spielball von *force*, denn die Rollen können jederzeit wechseln, gerade weil die zeitweiligen Sieger sich meist fälschlicherweise in Sicherheit wiegen.

*Force* ist mehr als nur Gewalt; gnadenlos verwandelt sie Unterdrückte und Unterdrücker in »Dinge« (*choses*). Erstere verlieren den Sinn ihrer eigenen menschlichen Würde, während Letztere zu Naturgewalten werden, alles um sich herum zerstörend. Es gibt dafür unzählige Beispiele in Homers Epos: wenn Menschen versklavt oder getötet werden oder in großer Gefahr sind. Überdeutlich wird dies, wenn Achilles Hektors Leiche hinter seinem Wagen herzerrt (Il. 22, 401–404) oder wenn die Krieger unbestattet bleiben, »den Geiern sehr viel lieber als ihren Frauen« (Il. 11, 161f.).[148] Diese Szenen, schreibt

148 Als Jean Paulhan, der Herausgeber der *Nouvelle Revue Française*, die Zitate kürzen wollte, beschloss Weil lie-

Weil, werden in all ihrer Bitterkeit beschrieben ohne uns mit Gedanken an Ruhm, Patriotismus oder Unsterblichkeit zu vertrösten (OC II, 3 228).[149]

*Force* wechselt Seiten, aber die augenblicklichen Sieger sehen dies nicht, denn *force* »macht betrunken« (ebd. 233f.). Man fühlt sich unbesiegbar, was die Grausamkeit mancher Handlungen erklärt. So schneidet Achilles zwölf jungen Männern auf dem Scheiterhaufen von Patroklus die Kehle durch »wie wenn wir Blumen für ein Grab schneiden würden« (ebd. 236). Aber *force* folgt dem biblischen Prinzip, dass diejenigen, welche durch das Schwert leben, auch durch das Schwert umkommen werden; oder wie Hektor dem Polydamas sagt, »Ares ist gerecht und tötet diejenigen, welche töten« (ebd. 235; Il. 18. 309). Die Starken überschätzen ihre Stärke und gehen deswegen selbst zu Grunde. Keiner entkommt diesem gnadenlosen, mathematischen Gesetz der Nemesis. Patroklus prescht, entgegen Achilles' Befehl, bis zur Stadtmauer vor und wird von Hektor getötet. Hektor hätte danach den Rückzug in die Stadt befehlen sollen,

---

ber zu warten, bis ihr Artikel in zwei Teilen ungekürzt erscheinen konnte. Dazwischen fiel die deutsche Besatzung, und der Artikel wurde von den *Cahiers du Sud* in Marseille in zwei Teilen im Dezember 1940/Januar 1941 unter dem Pseudonym »Émile Novis« publiziert.

149 Trotzdem gibt es in dem Epos auch »lichtreiche Momente«, »wo die Menschen eine Seele haben« (OC II, 3 246), in der Liebe Hektors zu seiner Frau Andromache zum Beispiel; oder wenn Glaukus und Diomedes, obwohl jetzt Feinde, der früheren Gastfreundschaft zwischen ihren Familien gedenken; oder Achilles auf seine Rache verzichtet und Priamus die Leiche seines Sohnes übergibt, und beide Männer – trotz des einander zugefügten Leides – sich sogar gegenseitig bewundern. Aber diese Momente können die Macht von force nicht brechen, und der Krieg wütet weiter.

wie Polydamas ihm rät, aber er hat alles Maß verloren und wird am folgenden Tag von Achilles erschlagen.

Die Größe der *Ilias* besteht darin, keinen Unterschied zwischen den Griechen und Trojanern zu machen. Jeder ist der *force* untertan und wird irgendwann gedemütigt. Die Trojaner werden als den Griechen gleichwertig dargestellt, und die Tragik ihrer bevorstehenden Niederlage mit viel Mitleid beschrieben (was Hektors Tod für seine Frau, zum Beispiel, bedeutet).

Wie kam Homer zu einer so klaren Einsicht in das Wesen von *force*, wenn es nur allzu menschlich ist, ihrer Verführung zu erliegen und furchtbar schwierig, sie zu durchschauen? Simone Weil führt dies zum einen auf die Reue der Griechen über die Zerstörung Trojas zurück, wie sie in ihrem Aufsatz »Dieu dans Platon« schreibt: »Die griechische Geschichte hat mit einem grausamen Verbrechen begonnen: der Zerstörung Trojas. Weit davon entfernt sich dieses Verbrechens zu rühmen, wie das normalerweise Nationen tun, sind sie von dieser Erinnerung wie von einem Schuldgefühl heimgesucht worden. Sie haben daraus ihr Empfinden für das menschliche Elend geschöpft« (OC IV, 2 75). In ähnlicher Weise schreibt George Steiner in seinem Buch *Antigones* von dem »heimgesuchten Humanismus« der Griechen, welcher aus der »niemals abkühlenden Asche Trojas« steigt.[150]

Die Reue einer ganzen Kultur war das Milieu, aus dem heraus Homer sein Epos geschrieben hat. Dies allein erklärt allerdings noch nicht seine Perspektive, welche Weil als übernatürlich bezeichnet. Nicht nur seine paritätische Art, beide Seiten zu beschreiben, sondern vor allem die Weise, wie er Leid ganz wahrheitsgemäß darstellt, führt sie zu diesem Schluss. Die übliche,

150 George Steiner, *Antigones: The Antigone Myth in Western Literature, Art and Thought,* Oxford: Oxford University Press, 1984, S. 263.

menschliche Reaktion auf unerträgliches Leid ist entweder, die Augen davor zu verschließen, es zu glorifizieren, sentimental zu verarbeiten, oder aber zynisch zu werden. Solches Elend wahrheitsgemäß darstellen, d.h. es ertragen, kann nur der, welcher Gott liebt (OC VI, 4 231). »Menschliches Elend kann in seiner Wahrheit nur im Licht der Gnade betrachtet werden«, schreibt Weil in ihren Notizbüchern (OC VI, 3 90). Ein Maler malt nicht den Standort, von dem aus er sein Bild zeichnet, aber man weiß, wo er steht, indem man sein Bild betrachtet. Somit könne man sehen, wo Homer »gestanden« habe, als er sein Epos schrieb. »Daher ist die *Ilias* einzigartig, durch diese Bitterkeit, welche aus der Zärtlichkeit strömt, und sich auf alle Menschen gleich ausdehnt, wie die Klarheit der Sonne« (OC II, 3 248). Fähig zu sein, den bitteren Kelch der menschlichen Existenz auszutrinken ohne zynisch zu werden, bedeutet erkannt zu haben, dass alle Menschen der *force* unterstehen, und ist ohne Gnade nicht möglich; sie ist die Bedingung für echte Nächstenliebe (ebd. 251; OC VI, 3 90).

Weil sieht deswegen eine Kontinuität zwischen der *Ilias* und dem Evangelium. Es gibt im Epos zwar keine Erlöserfigur, kein *être pur*, welche Böses erfährt und dieses, anstatt Gleiches mit Gleichem zu vergelten, in eigenes Leid verwandelt. Aber man ahnt, dass nur dieses reine Wesen den Zyklus von *force* zum Stehen bringen kann (ebd. 382). Weil wird dies später in ihrem eigenen Leben umzusetzen versuchen. Um dem Krieg auf einer spirituellen Ebene Einhalt zu gebieten, schlägt sie in ihrem »Projet d'une formation d'infirmières de première ligne« vor, Krankenschwestern (darunter sich selbst) an die Front zu schicken, welche ihr Leben aufs Spiel setzen, um den Soldaten medizinische Hilfe zu leisten;[151] darin

151 In: OC IV, 1 S. 401–11.

sah sie eine spirituelle Antwort auf den Fanatismus der deutschen Soldaten (OC IV, 1 406f.). Allerdings wurde dieser Vorschlag Weils von der *France libre* in London nicht angenommen.

Für Weil gab es nie eine Trennung zwischen Theorie und Praxis. Was sie für wahr erachtete, versuchte sie stets in die Tat umzusetzen. So ist auch ihr Artikel über die *Ilias* keine Flucht aus dem grauen Alltag der Vorkriegszeit, sondern eine Aufforderung an ihre Zeitgenossen, die lebenswichtigen Wahrheiten dieses Epos zu verstehen. Er soll sie auf den Krieg vorbereiten und die Existenz von *force* aufdecken, der im Kampf absolut freier Lauf gelassen wird. Sie sollen die universelle Ausbreitung von *force* verstehen, ohne sich von ihr verführen zu lassen. Um ihre Situation richtig anzugehen, müssten Weils Zeitgenossen die gleiche objektive Haltung gegenüber ihren Gegnern einnehmen wie Homer. Dann wären sie echter *caritas* fähig. Der Geist in Homers Epos ist damit in Weils Augen ein christlicher und ein Vorläufer des Evangeliums.

Man könnte allerdings einwenden, dass manche Aspekte der *Ilias* kaum als christlich zu bezeichnen sind. Die Helden streben vor allem nach Ehre und sind alles andere als demütig, auch wenn sie gedemütigt werden. Außerdem lässt sich Weils Ansicht, die *Ilias* biete eine negative Sichtweise von *force*, bezweifeln. Der als Reaktion auf Weils *Ilias*-Interpretation von Rachel Bespaloff im Jahre 1943 geschriebene Artikel »De *l'Iliade*« hat einen ganz anderen Ansatz, denn Bespaloff ist der Meinung, das Epos zelebriere *force;* diese zu verurteilen käme der Absicht gleich, das Leben selbst in seiner Vitalität zu verneinen.[152] Auch Steiner glaubt, Homer verkünde, »dass es im Menschen etwas gibt, was den Krieg liebt, was we-

152 Rachel Bespaloff, *De L'Iliade,* New York: Brentano, 1943, S. 19 u. 23.

niger Angst hat vor dem Grauen des Kampfes als vor der langen Langeweile am Kamin«.[153]

Allerdings behauptet Weil nicht, dass in dem Epos christliche Helden dargestellt würden, sondern nur, dass Homer eine übernatürliche (und damit christliche) Perspektive in seiner paritätischen Beschreibung der Gegner, ihres Leides und der Herrschaft von *force*, einnähme. Die gnadenlose Welt des Kampfes wird aus der Perspektive der Gnade beleuchtet. Die Helden mögen nach Ehre als höchstes Gut streben, aber dies bedeutet nicht, dass das Epos als solches ihr den höchsten Wert zuschreibt. In ihrem Artikel »La Force des mots: écho philosophique à ›l'étrange mort de Patrocle‹« suggeriert Villela-Petit,[154] dass das Epos als Ganzes ein *threnos*, d.h. ein Klagelied auf Troja und seine toten Helden sei. Die *Ilias* würde damit die Schattenseiten des Krieges und einer Gesellschaft, die auf Ehre gebaut ist, abbilden und eine gesellschaftliche Umwertung bewirken; sie wäre damit die echte Erzieherin Griechenlands aus der ein Sokrates und Platon erstehen konnten (mögen Letztere Homer auch kritisiert haben).[155]

Die positive Wertung von Kampf, wie Steiner sie sieht, wäre wohl eher in die frühen Jahre des trojanischen Krieges zu situieren; jetzt sind die Krieger kampfesmüde, kehren meist gerne nach Hause zurück und scheinen ein langes dem kurzen und glorreichen Leben vorzuziehen (siehe Achilles). Auch wäre es falsch, wie Bespaloff *force* als Lebenskraft zu verstehen, zumindest im Weilschen Denken. Weil verurteilt *force* in ihrer Nietzscheanischen Glorifizierung und nicht das Leben

153 George Steiner, Robert Fagles (Hrsg.), *Homer: A Collection of Critical Essays*, Englewood Cliffs: Prentice Hall, 1962, S.9.

154 *Diogène* 181 (1998), S.89–99.

155 Ebd. 97–99.

an sich, welches auch Liebe und Freundschaft beinhaltet (siehe Hektor und Andromache).

Weils Artikel über die *Ilias* sollte zwar ihre Zeitgenossen auf den Krieg vorbereiten, aber wie dieser zu beenden sei, sagt sie nicht (wenn sie auch zeigt, dass *force* irgendwann an ihre Grenzen kommt). Lösungsansätze hierfür finden sich vor allem in den Aufsätzen, welche sie für die *France libre* in England schrieb. Denn Weil war bei der deutschen Besetzung von Paris mit ihren Eltern zuerst nach Marseilles, dann nach New York geflohen, um Ende 1942 nach England zu kommen.

## Ideologien als Götzendienst

In ihrem Essay mit dem provokanten Titel, »Cette guerre est une guerre de religions«, sieht sie in den Ideologien ihrer Zeit eine Form von Idolatrie. Eine Nation, Rasse oder eine Idee wird zu etwas Absolutem, einem Götzen, gemacht; ihm steht die Moral zu Diensten, welche eine Klasse von Menschen ausnimmt, die man ohne Gewissensbisse umbringen kann.[156] Bei einem ideologie-

156 Dies beobachtete sie schon während ihrer kurzen Teilnahme am spanischen Bürgerkrieg im Sommer 1936. Ideologien lassen, wie sie in ihrem Brief an Bernanos schreibt, das Barbarische im Menschen zum Vorschein kommen, der kein Mitgefühl mehr beim Morden Unschuldiger empfindet, ja darüber sogar noch lachen kann (EHP 220–224).

Weils Gedanken zum Thema Ideologie sowie ihre Einstellung zur Theodizee habe ich in einer Reihe von Artikeln bearbeitet, zum Beispiel im ersten Kapitel in diesem Band und in meinem schon erwähnten Buch *Simone Weil's Apologetic Use of Literature.* Vgl. außerdem Marie Cabaud Meaney, »Simone Weil and René Girard: Violence and the Sacred«, in: *The American Catholic Phi-*

trächtigen Krieg handelt es sich also um ein spirituelles Problem, welches einer religiösen Antwort bedarf. Wer Gott wirklich liebt, wird keinem Idol folgen und der Versuchung einer totalitären Ideologie widerstehen (EL 103). So kann eine Religion, die den Menschen in Kontakt mit dem Übernatürlichen bringt, eine Gesellschaft verwandeln, wie Hefe den Teig langsam und unauffällig durchdringt.

»Wenn ein Glaube auf diesem elenden Kontinent erwachen würde«, schreibt Weil, »wäre der Sieg schnell, sicher und solide« (ebd. 107). Glaube würde die Menschen zum Beispiel dahin motivieren, die Kommunikationslinien des Feindes auf besetztem Gebiet kontinuierlich zu stören. Hitler hat »uns gelehrt«, dass »eine wirkliche realistische Politik vor allem das Denken [der Menschen] berücksichtigen muss« (ebd. 108). Ein wirklicher Glaube, der aus spiritueller Armut erwächst, ist deswegen in Weils Augen die stärkste Waffe und ist der eigentlich übernatürliche Gegner in diesem Krieg. Er bringt Goliath trotz seiner Kraft zu Fall. Gott, wie das Altertum schon wusste, setzt Grenzen, und *force*, da sie »nicht göttlich ist, hat ihre Grenzen« (ebd. 106).

Gott ist damit die einzig realistische Antwort auf den ideologischen Wahnsinn des Dritten Reiches. Weil kommt zu diesem Schluss nicht in einem Anflug von Naivität oder aus religiösem Fanatismus, sondern weil sie die anthropologischen und religiösen Wurzeln von Ideologien philosophisch durchleuchtet hat (was hier nur kurz zusammengefasst wird). Es ist nicht von unge-

---

*losophical Quarterly* 84, 3 (2010), S.565–587. Ebd.: »The Supernatural as Remedy to Totalitarian Regimes: Simone Weil on Sanctity and the Eucharist«, in: Lucian Stone, A. Rebecca Rozelle-Stone (Hrsg.): *The Relevance of the Radical: Simone Weil 100 Years Later,* London: Continuum, 2010, S.38–52.

fähr, dass totalitäre Regime jedes wirklich geistige Leben unterdrücken wollen, sei es in der Religion, Forschung oder Kunst, da sie richtigerweise als subversiv verstanden werden (ob dies jetzt in der Absicht der Glaubenden, Intellektuellen oder Künstler liegt, oder nicht).

Deswegen ist es in diesem letztendlich spirituellen Krieg wichtig, nicht selbstgerecht zu sein, sondern immer aus Liebe zu handeln. Weil hinterfragt deshalb ihre eigene Motivation und die ihrer Kollegen bei der *France libre* in ihrem Aufsatz »Luttons-nous pour la justice?«. Rein menschliche Gerechtigkeit genügt nicht, nicht einmal auf der richtigen Seite zu stehen, noch den Feind besiegen zu wollen; man muss aus einer *folie d'amour* handeln, einem »Liebeswahnsinn«, d.h. den anderen lieben und dessen inneres Forum respektieren, welches nie zur Zustimmung gezwungen werden darf.

Kommt hier Weils früherer Pazifismus wieder zum Vorschein? Nein, aber sie sieht, wie wichtig die Motivation derer ist, die auf der Seite der Alliierten kämpfen. Es ist verführerisch, sich damit zufrieden zu geben, auf Seiten der Gerechtigkeit zu stehen; man muss echte Gerechtigkeit auch wollen, welche immer aus der Nächstenliebe erwächst (EL 56). »Manchmal muss die weltliche Vernunft erkennen, dass die *folie d'amour* die allein vernünftige ist. Diese Momente können nur diejenigen sein, wo, wie heute, die Menschheit aus Mangel an Liebe verrückt geworden ist« (ebd. 57). Wieder versucht Weil an die Vernunft zu appellieren und nicht rein religiös zu argumentieren. Ironisch bemerkt sie, dass wir die Risiken, welche die *folie d'amour* uns eingehen lässt, nicht zu befürchten hätten, denn »wir sind vernünftige Menschen, […] welche sich um die wichtigen Geschäfte der Welt kümmern« und sie schließt mit der zeitlosen Frage, ob »wir wirklich, so wie wir sind, in dem Lager der Gerechtigkeit« stünden (ebd.).

Weil selbst war von so einer *folie d'amour* bewegt. Der Gedanke, die Menschen in Frankreich litten Hunger, war für sie unerträglich. Sie wollte mitleiden und fühlte in sich die Berufung einer Opferseele. Mit Christus wollte sie das Kreuz teilen und unter dieser Perspektive muss ihr berühmtes Gebet aus ihrer Zeit in New York verstanden werden, in dem sie Gott bittet von allem entblößt zu werden: gelähmt, taub, stumm, blind und ihrer Denkfähigkeit beraubt zu sein. Es kommt nicht darauf an, ob das Gebet in dieser Form erhört wird oder nicht, sondern darauf – schreibt sie –, dass sie ganz Gottes Willen genügt: »Dass all dies [Sinne, Verstand, sogar empfundene Liebe] ihr entrissen werden, von Gott verzehrt, verwandelt in die Substanz Christi, und den Elenden, deren Leib und Seele jede Form von Nahrung entbehren, zu essen gegeben werden soll. Und dass sie gelähmt, blind, taub, idiotisch und vertrottelt sei«, dies erbittet sie in diesem »Beispiel eines Gebetes« (OC VI, 4 279–280). Das ist von einem rein menschlichen Gesichtspunkt aus nicht nachvollziehbar. Fast genauso wenig, wie die Episode aus den *Fioretti* des heiligen Franziskus von Assisi und seiner Lehre von der vollkommenen Freude begreiflich ist.[157] Wie kann man reine Freude empfinden, wenn das eigene Elend am größten ist? Wie der hl. Franz dem Bruder Leo erklärt, führen nicht Wunderwirken, Weisheit oder selbst die Fähigkeit einer wirksamen Evangelisation zu solch übernatürlicher Freude, wie wenn sie wie Diebe von der Klostertür weg in die dunkle, kalte Nacht hinausgetrieben und verprügelt werden. Denn dann, so könnte man sagen, sind sie mit Christus am Kreuz vereint und ihm am meisten gleich, wenn sie in den Augen

157 I Fioretti, *Die Blümlein des heiligen Franziskus von Assisi*, Assisi: Casa Editrice Francescana, Kap. 8, S. 45–48 (http://www.hl-franziskus-blieskastel.de/hl-franziskus/legenden/vollkommene-freude/).

der Welt nicht mehr zählen und wie Aussätzige behandelt werden. Dann läuft ihnen das Herz über, denn sie sind von Gottes Liebe ganz erfasst, welche allein solch inneres Glück spenden kann. Diesem Geheimnis der »heiligen Narren« kann man sich nur tastend nähern. So schrieb Simone Weil kurz vor ihrem Tod in einem Brief vom 4. August 1943 aus London an ihre Eltern, dass sie so ein Narr sei (EL 256). Das Tragische daran sei, dass man solchen »fools« nicht glaube, obwohl sie – wie zum Beispiel in Shakespeares Theaterstücken – als einzige die Wahrheit sagen. Selbst die Bewunderung, die man ihrer (Simone Weils) großer Intelligenz zolle, sei im Endeffekt ein Mittel, um der Wahrheitsfrage aus dem Weg zu gehen und ihr nicht wirklich zuhören zu müssen.

Indes wollte sie ein sichtbares Zeichen solcher Liebe setzen, indem sie als Krankenschwester an der Front ihr Leben lassen wollte. Gott erhörte ihr Gebet, jedoch in noch radikalerer Weise als sie es sich hätte vorstellen können. Sie starb nicht den heroischen Opfertod bei einer Rettungsaktion, wie sie ihn sich erträumt hatte, sondern ganz im Verborgenen auf ihrem Krankenbett in England. Allerdings übernatürlich betrachtet war dieser nicht von geringerem Wert. In dem geistigen Kampf, den der Zweite Weltkrieg darstellte, hatte ihr Opfer großes Gewicht, wie auch das der Märtyrer und aller wahrhaft Gottliebenden. Das jedoch wird man erst in der Ewigkeit in seinem vollen Umfang erkennen können. In der Zwischenzeit lebt ihr Zeugnis für die Wahrheit, für die Existenz Gottes und das Wirken der Gnade weiter.

Kapitel 4

# Irrungen und Wirrungen – Zur Vielfalt der Religionen: Ein Dialog zwischen Simone Weil und Joseph Ratzinger[158]

## Einführung

Die Vielfalt der Religionen mag manchen an der Wahrheit irrewerden lassen. Wie kann man der Versuchung des Relativismus widerstehen, besonders wenn man die Gewissheit vieler verschiedener Religionsanhänger in Betracht zieht? Die Vielfalt der Religionen ist an sich nichts Neues unter der Sonne, auch wenn sie wahrscheinlich noch nie so intensiv diskutiert worden ist wie heute. Das römische Reich hatte versucht, dieses Problem mit seinem üblichen pragmatischen Geist zu lösen, indem es die Götter der von ihm unterjochten Völker in sein Pantheon aufnahm. Die *pax Romana* beugte damit einem Konflikt der Kulturen vor, welcher in Wirklichkeit oft ein Kampf zwischen den Religionen war und ist. Doch war dies ein falscher, da erzwungener Frieden, denn Utilitarismus ist keine Antwort auf das Wahrheitsbedürfnis des Menschen.

158 Dieser Artikel wird voraussichtlich im März 2018 auf Französisch unter dem Titel »Simone Weil et Joseph Ratzinger sur la diversité des religions: Aurait-elle trouvé chez lui des réponses à ses questions regardant la foi catholique?« in den *Cahiers Simone Weil* erscheinen (CSW 41, 1 (2018)) und ist hier mit freundlicher Erlaubnis der CSW abgedruckt.

Außerdem war diese Politik unvereinbar mit dem Christentum, welches weder den Polytheismus akzeptieren noch Caesar als Gott verehren konnte. Die Christen wollten unpolitisch und als treue Bürger des römischen Reiches leben. Aber sie konnten die religiöse Begründung des Reiches nicht akzeptieren. Das wurde ihnen als politischer Verrat ausgelegt, und sie wurden deswegen verfolgt. Die Bekehrung Konstantins bereitete den Konfrontationen nur kurzfristig ein Ende. Schon bald gingen die religiösen Konflikte weiter mit den islamischen Eroberungen im Nahen Osten und Süden Europas, späterhin mit den Kreuzwegen, der Reformation und den darauffolgenden Religionskriegen. Diese sowie der Anstieg des fundamentalistischen Islam sind allesamt, so könnte man meinen, die Folgen der Religionsvielfalt.[159]

Divergenz von Religionen kann explosives Potential enthalten, wie wir es praktisch jeden Tag in den Nachrichten verfolgen können. Wenn wir uns jedoch Frieden wünschen, dann bleibt dies ein Thema von brennender Aktualität, wie Joseph Ratzinger es in der Einführung zu seinem Buch *Glaube – Wahrheit – Toleranz* geschrieben hat. Simone Weil wiederum erklärt zu diesem Thema in *Lettre à un religieux*, dass diese Probleme »von höchster, dringender und praktischer Wichtigkeit« sind für das Überleben der Zivilisation (LR 96). Deswegen handelt es sich nicht um eine rein akademische Frage, von Interesse nur für Religionswissenschaftler, sondern ist von allgemeingültiger Bedeutung und brisanter Aktualität.

159 Allerdings könnte man auch Weils Auffassung teilen (welche im Laufe dieses Kapitels noch erklärt werden wird), dass diese Konflikte aus einer Anbetung von *force*, d. h. der Macht, resultieren, beziehungsweise aus der Art und Weise, wie sich eine Religion zu dieser *force* situiert, nicht jedoch den Unterschieden zwischen den Religionen zuzuordnen ist.

Für den Christen ist es außerdem an die Wahrheitsfrage gebunden, d.h. ob der Katholizismus einen universellen Wahrheitsanspruch für sich beanspruchen darf und ob dieser glaubwürdig ist im Anbetracht der Vielfalt sich widersprechender Religionen.

Es mag allerdings seltsam erscheinen, Joseph Ratzinger, den späteren Papst Benedikt XVI, den man oft in der Presse unter einem falschen Licht als engstirnigen Fanatiker dargestellt hat, mit der Philosophin Simone Weil zu vergleichen, welche sich jeder möglichen, wirklichen oder mutmaßlichen Beschränkung ihrer Intelligenz durch die Kirche widersetzte (LR 68f.). Dass Ratzinger, der Präfekt der Kongregation für die Glaubenslehre, welche Häresien verurteilt, gewesen ist, mag diese Parallele noch absurder erscheinen lassen. Trotzdem lässt sie sich nicht nur rechtfertigen, sondern wird sich als außerordentlich fruchtbar erweisen.

Die beiden Denker stimmen darin überein, dass man zwischen den Religionen unterscheiden muss, welche auf der Liebe basieren, und denen, welche *force*[160], welches man, grob gesprochen, als universell regierende Macht bezeichnen kann, in ihr Zentrum stellen: authentische und pathologische Religionen, wie Ratzinger sie nennt. Ratzinger liefert die Antwort, so scheint mir, auf Weils Frage an die katholische Kirche bezüglich der Vielfalt der Religionen, d. h. deren Wahrheitsgehalt, die Möglichkeit anderer Offenbarungen und die Frage des Heils. Wenn sich Weil in ihrem Essay »Formes de l'amour implicite de Dieu« seinerzeit beschwerte, dass die »vergleichende Religionswissenschaft noch fast am Nullpunkt steht«, so würde sie das heute nicht mehr sagen können; Ratzinger zumindest entspricht ihrer Forderung (OC IV, 1 316). Außerdem schafft er in dem Dschungel von Si-

160 Zu einer näheren Erklärung dieses Begriffes in Weils Philosophie, siehe das 3. Kapitel in diesem Band.

mone Weils manchmal wild-wuchernden Spekulationen Klarheit.

Simone Weil war in positiver wie in negativer Hinsicht ihrer Zeit voraus. Ihre religionskritischen Ideen sind ansprechend, denn viele Menschen im Westen teilen heute ihre Meinung über die Vielfalt der Religionen, welche Ratzinger, wie folgt, zusammenfasst: trotz ihrer Verschiedenheit haben Religionen viel gemeinsam, zum Beispiel einen mystischen Kern, auf den man jede authentische Religion reduzieren könne (GWT 22–23). Simone Weil folgert daraus, dass missionarische Bemühungen überflüssig sind, und jeder in seiner eigenen Religion (außer er erfährt einen besonderen Ruf) selig werden kann. Aber wird dies der Frage nach dem Heil wirklich gerecht wie auch dem spezifischen Wesen der individuellen Religionen und der besonderen Offenbarung, welche dem Christentum zu Grunde liegt?

## Die persönliche Situation Simone Weils

Die Problematik der religiösen Vielfalt war für Simone Weil von existentiellem Gewicht, denn sie hinderte sie – unter anderem – daran, sich taufen zu lassen. In ihrem berühmten Brief *Lettre à un religieux* vom November 1942 an Père Couturier stellt sie eine Liste von 35 Problemen auf (manche davon rein hypothetisch), welche sie mit dem katholischen Glauben hat, verbunden mit der Frage, ob sie katholisch werden könne, auch wenn sie manche dieser Punkte für nur möglich hielte (etwa vielfältige Inkarnationen Christi).[161]

161 Man muss der Tatsache gerecht werden, dass *Lettre à un religieux* (Paris: Gallimard, 1951) wie auch andere Briefe, die ihre religiöse Auffassung betreffen, nicht zur Veröf-

Die Situation Simone Weils war, wie in der Einleitung schon erklärt, ungewöhnlich: Agnostikerin seit ihrem 13. Lebensjahr, hatte sie ein mystisches Erlebnis in Jahre 1938, fing aber erst im September 1941 an zu beten und blieb ungetauft (ob sie auf ihrem Totenbett getauft wurde, ist fraglich) (AD 47; OC IV, 1 224). Dies hinderte sie nicht daran, sich zumindest kulturell als Christin zu empfinden, lange bevor sie Gott begegnete. »Ich bin sozusagen in die christliche Inspiration hineingeboren, bin in ihr aufgewachsen und bin immer in ihr geblieben«, schreibt sie an Père Perrin (AD 37).[162] Nach ihrer mystischen Erfahrung aber, aufgrund ihrer Liebe zu Christus und ihres Hungers nach der Eucharistie, fragt sie, ob sie sich – zwar nicht tatsächlich, dafür aber mit Fug und Recht – christlich nennen könne (ebd. 53). Père Perrin hatte die Frage der Taufe aufgeworfen, aber Weil konnte sich nicht zu diesem Schritt entschließen. Ihre eigenen Stellungnahmen, was ihre Nähe oder Ferne zur katholischen Kirche betrifft, sind wechselhaft.[163]

---

fentlichung bestimmt waren. Manche der darin ausgedrückten Meinungen waren reine Hypothesen, aber »im Falle, dass es zur strikten Glaubenslehre gehören würde, dass sie als falsch erachtet werden müssen, sind sie«, wie sie skrupelhaft erklärt, »ein genauso ernstzunehmendes Hindernis [für meine Taufe] wie die anderen, da ich fest glaube, dass sie [die Meinungen] nicht zweifelsfrei sind, d.h., dass es nicht legitim wäre, sie kategorisch zu leugnen« (LR 13).

162 Die Mehrzahl ihrer Erklärungen, welche ihre Beziehung zur katholischen Kirche betreffen, und ihre Gründe dafür, nicht um die Taufe zu bitten, finden sich in ihren Briefen an Père Perrin wie auch in dem an Père Couturier gerichteten *Lettre à un religieux*. Siehe auch ihren Brief vom 27. Juli 1942 an Maritain (CSW 3, 2 (1980) S. 68–71).

163 In *Lettre à un religieux* schreibt Simone Weil: »die Gründe, welche mich mit dem katholischen Glauben verbinden [...] fassen immer tiefer im Herzen und Verstand

Sie stieß sich an ihr als gesellschaftlicher Organisation, legte ihr die Art und Weise, wie sie im Laufe der Geschichte mit Häretikern umgegangen sei, zur Last, wie auch ihr jüdisches Erbe und ihre Übernahme des Alten Testamentes in seiner Gesamtheit. Außerdem lehnte sie das katholische Verständnis des Dogmas ab, welches, gemäß ihrem Denken, die intellektuelle Freiheit des einzelnen einschränken könne (LR 69–70). Deswegen hatte sie die Absicht, »an der Schwelle zur Kirche zu bleiben, bewegungslos«, wartend, bis sie einen Ruf zur Taufe spürte oder ihre Schwierigkeiten mit der Kirche sich lösen würden. Trotzdem würde zumindest ihr Herz »für immer […] in das heiligste, auf dem Altar ausgestellte Sakrament hinübergetragen worden sein« (AD 54). Sie schloss nicht die Tür zur Kirche, sondern nahm ihre berühmte Einstellung von »attente« (Warten) an, indem sie alle Probleme wie auch Mysterien mit der größten Aufmerksamkeit betrachtete, bis dass das Licht der Wahrheit aufstrahlen würde.[164] [165]

---

Wurzeln«, während »gleichzeitig die Gedanken, welche mich von der Kirche fern halten, auch an Stärke und Klarheit gewinnen« (13–14). Sie nimmt Abstand von der Bitte zur Taufe, sehnt sich aber immer stärker nach der Eucharistie, wie Robert Chenavier es in seiner Einleitung zu den religiösen Texten Weils im Band IV der gesammelten Werke schreibt (in: OC IV, 1 S. 213–253, S. 244).

164 Der Protestantismus war für sie keine Option, wie der folgende Ausspruch zeigt: »Eine Gottheit auf der Ebene einer Verpflichtung, das ist die Gesellschaft, welche in ein Idol verwandelt worden ist. Daher degradiert sich der Protestantismus, wo die Moral im Vordergrund steht, zu einer nationalen Religion. Die Moral steht an vorderster Front, weil der Begriff des Sakramentes geschwächt worden ist« (OC VI, 4 344).

165 Siehe dazu den Artikel von François Marxer »Avec Simone Weil, franchir le Rubicon théologique? Unicité de

Auch wenn vor allem der katholische Glaube sie anzog, hielt sie die Möglichkeit anderer Offenbarungen und einer Vielzahl von Inkarnationen des Logos für denkbar. Die Gerechtigkeit Gottes erfordere diese sogar, sie seien heilsnotwendig.[166] Denn wie wären die Menschen vor der christlichen Ära der Versuchung, in ihrem Leid zu verzweifeln, entgangen, wenn sie nicht den gekreuzigten Christus als Beispiel und Zeichen ihrer Hoffnung zumindest vorausgeahnt hätten (LR 20; AD 188)?

## Die Vielfalt der Religionen

Die berühmte buddhistische Parabel, jainistischen Ursprungs, welche von Ratzinger in seinem Essay »Das Christentum – die wahre Religion?« erwähnt wird (ein Vortrag, den er Ende der 1999 an der Sorbonne gehalten hatte), drückt die Meinung vieler Menschen heutzutage aus. Blinde, welche die verschiedenen Teile eines Elefanten berühren, kommen zu divergierenden Schlussfolgerungen, was das Aussehen dieses Tieres betrifft: Rüssel, flattrige Ohren, dicke Beine, dünner Schwanz erscheinen jedem als sein jeweils ausschließliches Merkmal; d.h. der Elefant wird je nach Berührungspunkt wie ein dünner Schlauch, wie ein weiches, rundes und großes Blatt oder wie ein Baumstamm wahrgenommen. Dieses Gleichnis

la croix et pluralité des religions« in: CSW 35,2 (2012), S. 189–214.

166 Trotz der Anziehungskraft, der Veden, der Upanischaden und der buddhistischen Texte, scheint sie niemals ernsthaft überlegt zu haben, ob sie Hindu oder Buddhistin werden sollte. Da weder die eine noch die andere Religion einen formalen Übertritt verlangen, hat sich das Problem letztlich für sie nicht in der gleichen Weise gestellt wie bezüglich der katholischen Kirche.

soll beweisen, dass niemand die ganze Wahrheit besitzt und dass es sogar arrogant wäre, dies anzunehmen (GWT 131).[167] In gleicher Weise spricht Nathan der Weise im gleichnamigen Stück von Lessing von drei Ringen, welche die drei großen Religionen der Menschheit symbolisieren, aber von denen niemand mehr wisse, welcher der authentische sei. Am Anfang gab es nur einen Ring, dessen Träger durch seinen Besitz gottgefällig werden würde. Dieser Ring wurde von Vater zu Sohn weitergegeben, bis ein Vater vor dem Dilemma stand, drei Söhnen das entsprechende Erbe zu hinterlassen. Da er keinen vom Besitz des Ringes ausschließen wollte, ließ er schließlich zwei weitere Ringe herstellen, so dass niemand heute mehr weiß, welcher Ring der authentische ist.

Simone Weil erfand dazu ihre eigene Metapher: sie beschreibt zwei Menschen in zwei aneinandergrenzenden Zimmern, die durch einen Korridor miteinander verknüpft sind. Jeder sieht durch sein Fenster die Sonne und ihren Wiederschein auf der gegenüberliegenden. Aber jeder glaubt, dass der andere nur den Lichtreflex auf der Wand und nicht die Sonne selbst sieht (LR 39).[168] In Wirklichkeit haben beide Personen einen direkten Zugang zum Übernatürlichen, wenn sie diesen auch dem

167 Abkürzungen von Ratzingers Werken:
*EC*: *Einführung ins Christentum*, München: Kösel Verlag, in der Verlagsgruppe Random House GmbH, 2000.
*GWT*: *Glaube – Wahrheit – Toleranz: Das Christentum und die Weltreligionen*, Herder: Freiburg, 2003.
*VREB*: *Die Vielfalt der Religionen und der eine Bund*, Verlag Urfeld: Hagen,1998.
*TP*: *Theologische Prinzipienlehre: Bausteine zur Fundamentaltheologie*, München: Erich Wewel, 1982.

168 Doch ist bemerkenswert an Weils Metapher, dass man die Anwesenheit des Übernatürlichen in einer anderen Religion wahrnehmen kann, wenn man auch daraus die falsche Schlussfolgerung zieht.

anderen absprechen. Dies trifft auf die authentischen Religionen zu, welche im Kern übernatürlich sind.

Das will allerdings nicht heißen, dass in Simone Weils Augen alle Religionen gleichwertig sind. Nur diejenigen, welche Gottes freiwilligen, aus Liebe motivierten Rückzug und seine geheime Gegenwart in der Welt ausdrücken, sind »die Übersetzung der großen Offenbarung in verschiedene Sprachen«, wie sie in »Formes de l'amour implicite de Dieu« schreibt (OC IV, 1 291). Es handelt sich dabei um die »verschiedenen Reflexionen derselben Wahrheit« (LR 39). Die Religion, so wie Weil sie charakterisiert, »ist nichts anderes als dieses Versprechen Gottes [all diejenigen, die den Wunsch haben von ihm erlöst zu werden, an sich zu ziehen]«, wie sie weiterführt (OC IV, 1 315).[169] Oder aber, sie »besteht aus nichts anderem als aus einem Blick«, den Blick auf Gott, auf das Kreuz, welcher die Dinge von innen heraus langsam und still verändert wie Hefe den Teig (ebd. 326).[170] Indem man die

169 Religiöse Praktiken sind »eine Art des Aufsagens des Namens des Herrn« mit »der Fähigkeit, jeden zu retten, der sich dem mit Sehnsucht hingibt« (OC IV, 1 315). Außerdem besteht die »Kraft der religiösen Praktiken in der Wirksamkeit des Kontaktes mit dem absolut Reinen, das Böse zu zerstören« (ebd. 317). Und »die religiösen Handlungen sind ganz und gar durch die Aufmerksamkeit, welche von der Sehnsucht beseelt sind, konstituiert« (ebd. 325).

170 Raper, David, »Les modèles de religion et la notion de vérité«, in (Hrsg. Gilber Kahn): *Simone Weil: Philosophe, historienne et mystique,* Paris: Aubier, 1978, S. 59–66. Auch wenn Simone Weil, wie Raper schreibt, keine Definition der Religion gibt, benutzt sie doch verschiedene Modelle. Die Religion besteht zum einen für sie aus der Beziehung zwischen dem Elend (*la misère* im Pascalschen Sinn) des Menschen und der Vollkommenheit Gottes. Sie ist auch ein Vorbild der Aufmerksamkeit, denn sie fließt aus einer sehnsüchtigen Aufmerksamkeit (60). Drittens versteht

Sichtweise Christi übernimmt, wie es jeder Akt wahrer Nächstenliebe voraussetzt, wird die menschliche Art, die Dinge zu sehen, außerdem grundsätzlich verändert. Man betrachtet von jetzt an den Leidenden als jemand Wertvollen, Gleichwertigen anstatt ihn als belanglos anzusehen, wie es die Logik der *force* nahelegen würde (ebd.).

Die nicht authentischen Religionen beten dagegen ihr Idol, nämlich die *force* an, d.h. die weltumgreifende Dynamik der Macht, wenn ihr die Gnade nicht entgegenwirkt.[171] Diejenigen, welche die Nation zu ihrem höchsten Gut machen – wie, in Simone Weils Augen, die jüdische Religion – sind falsche Religionen. Das Gleiche gilt für den Islam (OC VI, 4 248). Ratzinger hingegen verurteilt die aztekische Religion wegen ihrer Menschenopfer als pathologisch in dem zweiten Kapitel des ersten Teils von *Glaube – Wahrheit – Toleranz* (ursprünglich ein Aufsatz mit dem Titel, »Der christliche Glaube vor der Herausforderung der Kulturen«) (GWT 62).

In seinem in den gleichen Band aufgenommenen Artikel »Die Einheit des Glaubens und die Vielfalt der Kulturen: Reflexionen im Anschluß an die Enzyklika ›Fides et ratio‹« spricht Ratzinger von den degenerierten und krankhaften Formen der Religion, auf welche die marxistische Kritik zutreffen würde. Diese pervertierten Formen können auch im Christentum vorkommen, wie das Blutbad, mit welchem die Eroberung Jerusalems am Ende des ersten Kreuzzugs endete, zeigt (GWT 165).

---

Simone Weil die Religion als eine Sprache. Religionen sind zudem Milieus. Und schließlich sind sie die Suche nach einer Ordnung im Kosmos (61).

171 Simone Weil schreibt in *Lettre à un religieux*: »Man könnte folgendes Postulat setzen: falsch ist jede Vorstellung von Gott, welche mit der Regung reiner Nächstenliebe unvereinbar ist. Alle anderen sind, in unterschiedlichen Graden, wahr« (LR 72; cf. OC IV, 1 291).

Denn der Nationalismus und andere Götzen können den Platz Gottes in den Herzen der Christen einnehmen und ihren Glauben wie auch ihre Handlungen verderben. Grausamkeit ist ein eindeutiges Zeichen dieses Götzendienstes, der sich brüstet, im Namen Gottes zu töten.

Die Idee, dass authentische Religionen wie verschiedene Sprachen die gleiche Wirklichkeit ausdrücken, ist weitverbreitet. Ratzinger kritisiert diese Ansicht in seinem Aufsatz »Einheit und Vielfalt der Religionen« (von 1964 mit dem Addendum von 2003, GWT 19–20). Er trennt die Heilsfrage von der Problematik der Vielfalt der Religionen, um jede Verwirrung zu vermeiden. Auch wenn Ratzinger den Religionsphilosophen zum Teil Recht gibt, dass viele Religionen ihren Ursprung in mystischen Erfahrungen haben – wie Simone Weil, wenn sie schreibt, dass die »Mystik jeder religiösen Tradition fast bis zur Identität übereinstimmt« (LR 53) –, so sieht er darin doch eine falsche Vereinfachung (GWT 22–23). Religionen entwickeln sich, beeinflussen sich gegenseitig und folgen bestimmten Stadien. Primitive Religionen, wie Ratzinger feststellt, werden durch mythische Religionen ersetzt, welche durch ihre Mythen authentische religiöse Erfahrungen weitergeben können (GWT 24–25). Gleichwohl müssen sie noch durch die Vernunft gereinigt werden, so dass der Weizen von der Spreu getrennt, die echten religiösen Offenbarungen von rein menschlicher Erfindung unterschieden werden.

Auch wenn Simone Weil vermutlich mit Ratzinger übereinstimmen würde was die authentisch religiöse Erfahrung übernatürlicher Wahrheiten betrifft, so ist ihre Haltung gegenüber Mythen weitaus positiver. Mythen bedürfen keiner Reinigung, denn sie offenbaren nach ihrer Sichtweise transzendente Wahrheiten und bringen Licht ins Dunkel der Mysterien. Sie haben deswegen, wie auch viele Märchen, eine wertvolle pädagogische Funktion. Außerdem geben sie Zugriff auf die Spiritualität antiker Zivilisationen (OC VI, 4 97, 315, 321).[172] Ratzinger hingegen glaubt, dass Mythen durch eine Konfrontation mit der Vernunft gereinigt werden sollten von allem, was die ursprüngliche Wahrheit in ihrem Kern verschleiert, um sie damit in eine, im positiven Sinne, aufgeklärte Religion zu verwandeln.[173] Der Mythos ist für ihn also ein Brauch und nicht vornehmlich Wahrheitsträger.[174]

Darüber hinaus betont Ratzinger, dass eine fundamentale Unterscheidung gemacht werden müsse zwischen Religionen, die auf einer »Mystik der Identität« beruhen, in welcher der Mensch sich im Göttlichen auflöst, und denjenigen, welche auf dem Verständnis von Gott als Person(en) fundiert sind, in welcher der Mensch verwan-

172 Siehe den Artikel von Massimiliano Marianelli, »Unicité de la vérité et universalisme religieux weilien comme lieu de rencontre entre les cultures«, CSW 29,4 (2006), S. 373–388, S. 376–379. »Die Mythen […] [sind] der Ort der Sedimentation der Spiritualität eines Volkes« (ebd. 377).

»Die Mythologien, die Folklore schließen eine Quantität von Parabeln ein, welche denen des Evangeliums ähnlich sind und welche man nur freilegen muss« (OC VI, 4 315).

173 Ratzinger erklärt in *Einführung in das Christentum*, dass die antike Philosophie in der auf Mythen ruhenden Religion eine Stufe in der menschlichen Evolution sah, welche durch die Philosophie ersetzt werden würde. Man wollte sie für die *plebs* beibehalten, welche daran weiter festhielt. Dies aber führte zu ihrer Vernichtung, denn wer will schon an etwas glauben, von dem er weiß, dass es falsch ist? Allerdings hätte die Religion dem Logos folgen können, von dem sie die Samen enthielt. Aber sie begnügte sich damit »bei dem als wirklichkeitslos durchschauten Mythos« zu verharren (EC 129).

174 Insofern, schreibt Ratzinger, hat der christliche Glaube »gegen die Götter der Religionen für den Gott der Philosophen, das heißt gegen den Mythos der Gewohnheit allein für die Wahrheit des Seins selbst optiert« (EC 131).

delt wird, aber nicht verschwindet (GWT 33 u. 38). Diese Unterscheidung zeigt an sich schon, dass Religionen nicht alle ein und dieselbe sind, sondern dass sie eine verschiedene Finalität und unterschiedliche Gottesbegriffe haben. Das ist der Abgrund, der sich, zum Beispiel, zwischen dem Christentum und dem Hinduismus auftut.

In »Formes de l'amour implicite de Dieu« stellt Simone Weil fest, dass man eine Religion von innen kennen muss, um sie wirklich verstehen zu können (OC IV, 1 316). Eine Religion nährt die Seele. Ihr Geschmack und ihr Ernährungswert können nur richtig eingeschätzt werden, wenn man von ihr gekostet hat. Dazu bedarf es auch einer gewissen Affinität und Empathie. Man gelangt nicht durch wissenschaftliche Methoden in das Zentrum einer Religion, sondern nur durch den Glauben – ob es sich jetzt um die eigene Religion handelt oder um eine fremde. Im Zentrum jeder authentischen Religion gibt es Gott, den einzigen Gott, der nicht auf den Wissenschaftler, sondern auf den Gläubigen wartet, der den »Glauben im stärksten Sinn des Wortes« besitzt. Nur der christliche Glaube eines Christen, der versucht, in das Zentrum einer anderen Religion vorzustoßen, wird ihm erlauben, Gottes Gegenwart darin zu erkennen, und zwar nur »für eine bestimmte Zeit«, die Zeitspanne dieser Offenbarung. Durch eine Untersuchung der Unterschiede kann »die schärfste Unterscheidungsgabe nur erahnen«, was die »versteckten Äquivalenzen« zwischen den Religionen sind. Simone Weil kommt allerdings zu dem Schluss, dass »derjenige, welcher das Geheimnis der Herzen kennt, alleine auch das Geheimnis der verschiedenen Formen des Glaubens kennt. Er hat uns dieses Geheimnis nicht offenbart, was auch immer man sagt« (OC IV, 1 317).[175] Nur Gott kann letztendlich die verschiedenen Religionen richtig beurteilen.

175 Oder, wie sie in *Lettre à un religieux* schreibt: »wie die Katholiken es ohne Unterlass den Ungläubigen wieder-

## Die Polytheistischen Religionen

Was die polytheistischen Religionen anbelangt, hat Simone Weil eine sehr idealistische Sichtweise. Vielleicht haben die Weisheit Platons und Weils eigene Interpretation des Mythos der Persephone ihr suggeriert, dass die antike griechische Religion als Ganze diesen Grad an Weisheit und Mystik beinhaltet.[176] Ihre eigenwillige Interpretation der Geschichte Noahs und seiner drei Söhne in ihrem seltsamen Essay »Les trois Fils de Noé et l'histoire de la civilisation méditerranéenne« vom April 1942 bekräftigt dies nur.[177] Dass Ham als einziger die Blöße seines Vaters Noah sah, als dieser betrunken dalag, interpretiert Simone Weil erstaunlicherweise als etwas Positives. Denn sie liest diese Trunkenheit als mystische Ekstase. Im Endeffekt hat Ham also als einziger die mystische Weisheit seines Vaters geerbt, während seine Brüder, die ihn zudeckten, diese Erkenntnis zurückgewiesen haben (OC IV, 1 377f.). Sie nennt dies die »Offenbarung Hams«, die den griechischen Mysterienreligionen (zum Beispiel den orphischen, eleusinischen oder dionysischen) weitervermittelt sein soll. Um in Dionysos und anderen

holen, und zwar zu Recht, kennt man eine Religion nur von innen heraus« (LR 39).

Wie Ratzinger in Einführung in das Christentum schreibt: weil der Glaube »eine Wende des Seins« ist, »empfängt ihn« »nur, wer sich wendet«, denn Glaube ist immer Umkehr (EC 45).

176 André-Jean Festugière zum Beispiel, den Weil auch an anderer Stelle zitiert, stellt in seinem Buch *L'idéal religieux des grecs et l'évangile* von 1932 fest, dass diese Geheimnisse die Menschen nicht zur Vereinigung mit Gott führen, sondern sie vor Leid beschützen sollten. Im Übrigen wurde das Leben nach dem Tod in der Volksreligion nicht als Vereinigung mit Gott verstanden (Paris: Gabalda, 1932, S. 133f; OC VI, 3 393).

177 In: OC IV, 1 375–386.

mythischen Gestalten christologische Figuren sehen zu können, muss sie allerdings wichtige Elemente zur Seite schieben. *Die Bacchantinnen* des Euripides zum Beispiel deuten, meine ich, in eine andere Richtung, besonders wenn man den Baum an seinen Früchten misst.[178] [179]

Ratzinger unterstreicht außerdem, dass die Menschen den Mächten, welche die Götter darstellen, unterworfen sind. Sie versuchen vergebens, um deren Gunst zu werben, und werden dadurch zu Sklaven der Götter respektive zu Figuren innerhalb eines fatalistischen Geschicks. Simone Weil hingegen will sich auf die ursprüngliche Offenbarung konzentrieren, wie Platon auf das absolut Gute, und dabei die homerischen Götter zur Seite schie-

178 Für eine gute Analyse des Dionysischen in der griechischen Kultur im Lauf der Jahrhunderte, siehe Richard Seafords Buch *Dionysos* (London: Routledge, 2006). Heraklit, ein Zeitgenosse des Äschylus, schreibt: »Wenn sie nicht die Prozession um Dionysios willen machen würden und nicht um seinetwillen den Hymnus des Phallus singen würden, dann wären diese Handlungen unglaublich schamlos.« Es scheint mir schwierig, dies in einer christologischen oder mystischen Weise zu interpretieren. Seaford selbst gibt zu, dass die Obszönitäten während der Prozession beschämend wären, wenn es dabei nicht um einen tieferen Sinn gehen würde, nämlich den Gegensatz von Tod und Zeugung (77-8). Dass man einen erotischen Wortschatz verwendet, um Gottes Liebe auszudrücken, wäre auch aus Sicht Simone Weils durchaus angebracht, der Tradition des Hohen Liedes der Liebe im Alten Testament folgend (OC VI, 3 170; OC IV, 1 308). Aber zwischen diesem poetischen Usus einerseits und Obszönitäten andererseits liegen Welten.

179 Simone Weils Verschwörungstheorie, nach der das römische Imperium die Anhänger des Dionysos fälschlicherweise der Zuchtlosigkeit angeklagt habe, um sie zu vernichten (obwohl Liederlichkeit weit verbreitet war), scheint an den Haaren herbeigezogen oder zumindest äußerst spekulativ zu sein (OC IV, 1 382).

ben. Freilich scheint es mir wichtig, mit Ratzinger zu betonen, dass die Götter zur Mehrzahl Mächte sind, die man auf Distanz halten und kontrollieren will, und die oft gefürchtet sind.[180] Die Art und Weise, wie Simone Weil von der quasi-Universalität von *force* in ihrer Interpretation der *Ilias* spricht, von der die Götter – zum Teil zumindest – die Repräsentanten sind, könnte dem, was Ratzinger in seiner *Theologischen Prinzipienlehre* zum Thema des Polytheismus schreibt, nahekommen: »Das Dasein, das auf viele göttliche Mächte verwiesen ist, in ihrem Gewirr und Gegeneinander sich selbst zu behaupten versucht, bleibt ein vielfältiges Spiel mit den herrschenden Kräften, während der eine Gott zu dem einen Weg wird, der den Menschen vor das Ja oder Nein von Kehr oder Abkehr setzt, sein Dasein sammelt in einen einzigen Ruf hinein« (TP 61).[181] Der Gott der Liebe steht der *force* gegenüber,

180 In *Einführung in das Christentum* schreibt Ratzinger: »Wenn man behaupten darf, dass Hunger, Liebe und Macht die Kräfte sind, die die Menschheit bewegen, so kann man, dies verlängernd, feststellen, dass die drei Grundgestalten des Polytheismus die Anbetung des Brotes, die Anbetung des Eros und die Vergötzung der Macht sind. Alle diese drei Wege sind Verirrungen, Verabsolutierungen dessen, was nicht selbst das Absolute ist, und damit Verknechtungen des Menschen« (EC 102). Mit der Idolatrie der Liebe meint Ratzinger natürlich Eros und nicht Caritas (ebd. 104).

René Girard geht so weit zu sagen, dass die Idolatrie im Endeffekt immer eine Idolatrie des Ichs ist. Siehe dazu meinen schon erwähnten Artikel »Simone Weil and René Girard: Violence and the Sacred« S. 574.

181 Simone Weil meint, dass »die Griechen ihre Götter nicht ernst nahmen. In der *Ilias* liefern sie die komischen Intermezzos, wie die Clowns in Shakespeare« (»Israël et les Gentils«, in: PSO 47-62, S. 56; OC VI, 2 345). Nur wenn Zeus seine Goldwaage herausholt und unbefangen das Schicksal der Menschen wiegt, offen-

und das Übernatürliche kann sich durch ihn in die Welt einfügen, um hier Weilsche Terminologie zu verwenden. Der jüdisch-christliche, monotheistische Gott befreit die Menschen von dämonischen Mächten, wie Ratzinger es ausdrücken würde, um sie zu einer persönlichen Beziehung mit ihm zu berufen, wobei er ihnen die freie Wahl und sogar »die Sonne über Böse und Gute aufgehen lässt« (ein biblisches Zitat, das Simone Weil gerne erwähnt) (Mt 5:45, OC V, 2 327)). Außerdem ist das Christentum offen gegenüber allen Elementen, die in anderen Religionen gut und wahr sind, wobei es aber auch alles Falsche darin verurteilt. Es wird zu einem Stolperstein, an dem sich das den Menschen knechtende Dämonische wie auch die Sklaverei der Lüge stößt. Wie Ratzinger in seinem Essay »Variationen zum Thema Glaube, Religion und Kultur « schreibt: »Der [christliche] Glaube erscheint als Krise und Kritik der Religionsgeschichte, aber nicht als deren totale Verneinung« (GWT 79).[182] Das Licht seiner Wahrheit trennt den Weizen von der Spreu.

Die Kirchenväter hingegen dachten im Allgemeinen, dass es sich bei den heidnischen Göttern um Dämonen handelte.[183] Auch wenn bestimmte Götter Christus par-

---

bart er einen wahrhaften Aspekt Gottes, der sich frei der Notwendigkeit, welche die Welt regiert, unterwirft (OC VI, 1 333). Oder wenn sie schreibt: »In der *Ilias* ist Zeus Gott und die anderen Götter sind Dämonen. Die Goldwaage von Zeus steht für die Notwendigkeit« (OC VI, 3 144).

182 »Es galt freilich zu unterscheiden zwischen dem, was zu Christus hinführte, und dem, was ihm entgegenstand. Es galt, dies Ganze einem Prozeß der Reinigung und Erneuerung auszusetzen, der aber eben doch nicht Zerstörung und absoluter Bruch, sondern Erneuerung und Heilung war« (GWT 78f.).

183 In seiner ersten Apologie schreibt Justin, dass die Götter in Wirklichkeit Dämonen sind (Nr. 5), so wie es auch

tiell ähnlich sein mögen, so sind andere ihm gänzlich unähnlich. Da allerdings alle Götter von den Heiden angebetet werden sollten, die guten wie die schlechten, ist dies problematisch. Die Angst, die Beschwichtigungsversuche, das berühmte »do, ut des«, welche nicht nur in der römischen Religion gang und gäbe waren, zeigen zur Genüge, dass die Götter in der Mehrzahl nicht den wahren, befreienden Gott repräsentierten. Auch wenn Ratzinger nicht so pauschal wie die Kirchenväter urteilt, so unterstreicht er doch ganz deutlich die Problematik der Vielgötterei.[184] Simone Weil hingegen, auch wenn sie die Existenz des Dämonischen anerkennt, scheint nicht zu denken, dass das Dämonische im Polytheismus mehr vorhanden ist als anderswo.[185]

---

im 95. Psalm (95, 5) in der Vulgata steht (St Justin, *Die Apologien des Heiligen Justinus, Philosophen und Martyrs*, P.A. Richards (Übers., Hrsg.), Kempten: Verlag der Jos. Kösel'schen Buchhandlung, 1871, I, S. 29f.

184 Allerding scheint Ratzinger einzuräumen, dass es eine ursprüngliche Intuition im Polytheismus gibt, welche dem Monotheismus der jüdisch-christlichen Offenbarung nahe kommt: »Nicht nur der Monotheismus glaubt an diese Einheit und Einzigkeit; auch für den Polytheismus sind die vielen Götter, auf die er seine Andacht und seine Hoffnung richtet, nie das Absolute selbst gewesen; auch für ihn war klar, dass hinter den vielen Mächten letztlich irgendwo das eine Sein steht bzw. dass das Sein zuletzt nur eins oder allenfalls der ewige Widerstreit eines Urgegensatzes ist« (EC 99f.).

185 Um ein Beispiel zu erwähnen, welches das Gegenteil beweist: in seinem berühmten Buch *The Death of a Guru* schreibt Rabi Majarah, dass das Dämonische im Hinduismus noch sehr präsent ist (Eugene/OR: Harvest House, 1977). Auch wenn Maharaj und seine Familie sehr fromm waren, die Gipfel der hinduistischen Spiritualität zu erklimmen suchten und von einer hohen Kaste stammten, so waren sie doch in ihrem Haus von bösen Geistern heimgesucht. Oft flogen Gegenstände

Es ist verführerisch, wie Ratzinger feststellt, wenn es um das Verhältnis des Glaubens und der Kultur geht, eine dualistische Position zu adoptieren, welche im Zeitalter der Aufklärung besonders beliebt war, d.h. die Religionen, ohne auf ihren konkreten Inhalt oder ihre Praxis zu achten, rein formalistisch zu untersuchen.[186] [187] Simone Weil prüfte die Schriften des Hinduismus, Buddhismus und der jüdischen Religion, aber nicht die Art, wie diese

---

durch die Luft. Dies nahm erst ein Ende, als sie Christen wurden. Dieses einzelne Zeugnis kann natürlich nicht eine tiefgehende Analyse des Hinduismus ersetzen, aber es lässt einen zumindest die Wertschätzung hinterfragen, welche Simone Weil für diese Religion empfand.

186 Lakshmi Kapani bestätigt dies in ihrem Artikel von 1982, »Simone Weil, lectrice des Upanisad Védiques et de la Bhagavad-Gîtà: l'action sans désir et le désir sans objet«, dass Simone Weil die indische Kultur nicht systematisch studiert hat, auch wenn sie diese sehr schätzte (CSW 5,2 (1982) S. 95–119).

In seinem Interviewbuch *Letzte Gespräche* sagt Ratzinger, dass man nicht nur die hinduistische Philosophie berücksichtigen sollte, sondern auch ihre Kulte und Mythen, um einen Eindruck des Ganzen zu bekommen (Peter Seewald (Hrsg.), München: Droemer, 2006, S. 135f.).

187 Eine Untersuchung der fraglichen Religionen sollte reichen, um zu zeigen – trotz der Problematik bestimmter Textstellen des Alten Testamentes, welche *prima facie* der Gutheit Gottes zu widersprechen scheinen –, dass Vishnu und Baal vom jüdisch-christlichen Gott sehr verschieden sind. Dass Simone Weil von Baal als einer möglicherweise christologischen Figur sprechen kann, obwohl er menschliche Opfer in großer Zahl verlangte, ist zumindest seltsam (LR 18; OC VI, 3 290). Man kann heute noch in Tunesien Tofet besuchen, wo die Karthager ihm ungefähr 20.000 Kinder geopfert haben sollen. Wenn Krishna und Osiris auch positive Gestalten sind, teilen sie sich doch das Pantheon mit grausamen Göttern wie Shiva und Kali.

Religionen heute gelebt werden.[188] Ihr Urteil über diese Religionen bleibt daher abstrakt.

Sie scheint ferner nicht den absolut revolutionären Charakter des Christentums in Betracht zu ziehen, den Ratzinger unterstreicht. Denn das Christentum verlässt den Zyklus der mythologischen Religionen, um einen Gott anzubeten, der selbst in die Geschichte eingreift, ein Bündnis eingeht und sogar Mensch wird (GWT 33, 37). Die christliche Religion befreit die Menschen von den Göttern der mythologischen Religionen und betont dabei die Bedeutung der Vernunft. Die Aufklärung der Antike – im Gegensatz zu der des 18. Jahrhunderts – ist mit ihrer Hervorhebung des Verstandes dem Christentum ähnlich, wie Ratzinger zeigt. Aber die Vernunft in der Antike interpretierte die mythologischen Religionen bestenfalls als etwas, das in Symbolen eine in einer mystischen Erfahrung geoffenbarte transzendente Wirklichkeit zum Ausdruck brachte. Schlimmstenfalls dekonstruierte der Verstand den Mythos völlig und argumentierte für den Atheismus (GWT 24f., 26f.).[189] Es ist interessant festzustellen, dass die ersten christlichen Apologeten versucht haben, Kontaktpunkte mit der antiken Philosophie, nicht jedoch mit der antiken Religion zu finden, denn die Kultur hatte schon durch ihre Philosophie begonnen »aus sich herauszutreten«, um »sich auf den Weg ins Offene der gemeinsamen Wahrheit [zu]

188 Sie war erstaunt über die rituellen Gesten der Juden, welche sie das erste Mal auf ihrer Flucht in die USA im Lager Aïn Sebaâ in Casablanca sah (Simone Pètrement, *La Vie de Simone Weil*. 2 Bd., [Paris]: Fayard, 1973, Bd. II, S. 417).

189 Ratzinger schreibt in »Variationen zum Thema Glaube, Religion und Kultur« folgendes: »Dieser Wille zur Rationalität, der doch auch stets die Vernunft aufbricht zu einer Selbstüberschreitung, der sie sich gern verweigern möchte, gehört zum Wesen des Christentums« (GWT 68).

begeben und die Einhausung im bloß Eigenen hinter sich« zu lassen (GWT 162).[190] [191]

Im Zentrum von Simone Weils positiver Interpretation der antiken Religionen (davon ausgenommen die jüdische und die römische Religion) steht die Idee einer uralten Offenbarung, welche von Noah an Ham weitergegeben sein soll, wie sie in ihrem schon erwähnten Essay schreibt. Ham habe sodann diese Weisheit seinerseits an die Ägypter, Phönizier, Philister und vielfältige Zivilisationen des Mittelmeerraumes tradiert. Andere hätten sie angenommen, nachdem sie von den Nachkommen Hams erobert worden waren (OC IV, 1 376; LR 49). Nur die Israeliten und die Römer hätten sie verweigert. Die Idee von einer zweiten Person der Dreifaltigkeit, welche in sich die menschliche und göttliche Natur vereint, und die Menschheit durch ihr Leiden erlöst, soll in ihren Augen schon in der Offenbarung Hams enthalten gewesen sein (OC IV, 1 380). Die Griechen sollen sogar den Hei-

---

190 Gilles Dorival stellt in seinem Artikel »L'apologétique chrétienne et la culture grecque« fest, dass es unter antiken Apologeten ohne Ausnahme eine Kritik der griechischen Religion und ihrer Praktiken gibt, welche die Unsittlichkeit der Götter und deren dämonischen Ursprung denunzieren (424–5). Die griechischen Dichter und Philosophen wurden hingegen gemischt rezipiert: entweder sie wurden abgelehnt (Tatian der Syrer) oder geschätzt (von denjenigen, die in ihnen den Logos schon *in potentia* sahen, wie Justinus, Clemens, Origines), während andere ihnen gegenüber ambivalent waren (in: *Les apologistes chrétiens et la culture grecque*, Bernard Pouderon, Joseph Doré (Hrsg.), Paris: Beauchesne, 1998, S. 423–465, S. 427f.).

191 Wie Ratzinger erwähnt, gibt es interessante Parallelen zwischen der Kritik an der Mythologie von Seiten der griechischen Philosophen und an den Göttern von Seiten der Propheten Israels wie auch in der alttestamentlichen Weisheitsliteratur (EC 128).

ligen Geist gekannt haben, meint Weil, wahrscheinlich durch ihren Kontakt mit Ägypten.

Wenn Simone Weil von Melchisedech, Ham, Hiob, Dionysos und Apollo als »Bilder« Christi spricht, ist es nicht klar, was sie genau damit meint (OC VI, 4 224f). Mit Florence de Lussy in ihrer Einführung von Band VI, 4 der Gesamtausgabe von Weils Werken muss man sich fragen, ob es sich dabei für Weil um »einfache Analogien, oder Allegorien, oder Gestalten, oder aber um Epiphanien oder Avatare« handelt oder um echte Inkarnationen (OC VI, 4 17; LR 24). Simone Weil stellt diesbezüglich eine Liste mit den »Bildern Christi« (*images*) in ihrem New Yorker *Cahier* XV auf (OC VI, 4 224). Eine Sache zumindest ist eindeutig, wie Florence de Lussy es unterstreicht, nämlich dass Simone Weils Philosophie christozentrisch ist.[192]

---

192 Das überzeugendste Argument für die Existenz von vorchristlichen Offenbarungen ist in den Augen Weils, dass die vom Leid Erdrückten, etwa die gekreuzigten antiken Sklaven, sonst nicht ihr Heil hätten finden können, sondern verzweifelt und hasserfüllt gestorben wären (LR 20; OC IV, 1 321). Allerdings darf man sich fragen, ob eine Vielfalt von Inkarnationen wirklich notwendig ist, um dies zu verhindern. Gott hätte auch durch die Philosophie, wie Weil selbst zugibt, oder durch die Religion eines einzelnen Volkes sprechen können, welches den Auftrag gehabt hätte, die gute Nachricht der ganzen Welt mitzuteilen. Nicht auszuschließen ist des Weiteren, dass es möglicherweise Privatoffenbarungen gab oder besondere Gnaden für Einzelne in besonderen Situationen des Leidens. Simone Weil spricht von den verschiedenen Öffnungen auf das Übernatürliche hin (wie im zweiten Kapitel besprochen), wie die Schönheit, die Nächstenliebe, die Freundschaft, die Mathematik, die Ordnung im Kosmos, die allen offenstehen; aber diese geben keine direkte Antwort auf das Leid (OC IV, 1 285f.; OC IV, 2 288f., 292; OC VI, 3 127, 310). Sie selbst gibt sich die Antwort, wenn sie Hiob zitiert, der nicht nur nicht christlich, son-

Simone Weil glaubt, dass das Christentum besonders für Europa und den Westen zugeschnitten ist, während andere Religionen wie der Hinduismus oder der Buddhismus anderen Kulturen entsprechen. Diese Meinung setzt allerdings voraus, dass alle authentischen Religionen den gleichen Wert und Wahrheitsgehalt haben. Aber wie Ratzinger aufzeigt, kann dies nicht der Fall sein, da sich Religionen in wesentlichen Punkten widersprechen. Das Heil ist außerdem nicht nur eine Frage von guten Absichten, sondern an sich ein Weg, wie Ratzinger in dem zweiten Kapitel des zweiten Teils von *Glaube – Wahrheit – Toleranz*, »Wahrheit des Christentums?« schreibt. Der Himmel beginnt schon hier (GWT 165f.). Und eine polytheistische Religion mit zumindest ambivalenten Göttern wird einem den wahren Gott nicht so nahebringen, wie eine Religion, die verkündet, dass Gott die Liebe ist. Gewiss kann man durch die Gnade Gottes und die richtige Haltung einen Abglanz Gottes auch in einer solchen Religion finden.[193] Und natürlich geht es bei der wahren Religion nicht nur um eine Frage des Wissens wie bei Spielregeln (Simone Weil würde dem beistimmen), so dass diejenigen, welche sie nicht kennen, eben Pech

dern nicht einmal jüdisch war. Selbst griechische Tragödien wie *Antigone, Electra* und *Prometheus* zeigen, wie man eine Passion in dunkler Nacht durchleben kann, ohne zu verzweifeln. Weder die Tradition der katholischen Kirche noch Ratzinger verneinen solche Vorahnungen.

193 In der siebten und letzten Folge der Narnia-Bücher, *The Last Battle*, von C.S. Lewis erhält ein junger feindlicher Soldat die Gnade, Aslan – ein Löwe, der Gott darstellt – zu sehen. Denn wiewohl er der grausamen Religion des Gottes Tash angehört, liebt besagter Soldat implizit den wahren Gott, ohne jedoch die volle Offenbarung erhalten zu haben (New York: Collier Books, 1970, S. 110–112, 142f., 164f.).

gehabt haben![194] Letztlich ist die Frage der Wahrheit die zentrale, da die Religion uns Gott näher bringen oder uns von ihm entfernen kann.[195] Simone Weil würde dem beipflichten, da sie in Christus das *eidos* des Menschen sieht (OC VI, 2 394).

## Die jüdische Religion

Ich kann in diesem Kontext nicht im Detail Simone Weils Meinung über die jüdische Religion analysieren: dies ist schon von anderer Seite geschehen.[196] Es sei nur erwähnt, dass die Philosophin ihre Interpretation dieser Religion auf rein wörtliche Lektüre des Alten Testaments stützt,

---

194 Die Idee einer impliziten Liebe für und einen impliziten Glauben an Gott ist zentral für Simone Weil (siehe den letzten Punkt dieses Kapitels »Lösungen – Die Frage des Heiles« für eine nähere Erklärung). Dem könnte man das Gewissen hinzufügen, durch welches Gott zur Seele spricht, wenn sie nicht durch wiederholtes Sündigen schon taub für ihn geworden ist (GWT 166f.).

195 Horst Bürkle schreibt in seinem Artikel »›Den Originalton in den Religionen wahrnehmen‹: Benedikts XVI. theologische Orientierungen im Religionsdiskurs« für Ratzinger sind die Beziehung und der Dialog nicht reine Akzidenzien, sondern Formen des Seins, wie es der dreifaltige Gott offenbart (in *IKaZ Communio 35* (2006), S. 573–594). Das, was eine persönliche Beziehung mit dem Logos in einer Religion bewirken kann, macht einen Dialog mit dem Christentum möglich (578f.).

196 Siehe zum Beispiel in Gabellieri, *Être et Don* S. 375–396, und seinen Artikel »Simone Weil entre le paganisme et la Bible: Un dialogue herméneutique avec Ricœur, Levinas, Schelling et Pascal«, CSW 26,1 (2003), S. 27–49, und Maria Villela-Petit, »Une lecture élective et analogique de la Bible«, CSW 25,4 (2002), S. 281–295; Monique Broc-Lapeyre, »Une tout autre idée de Dieu«, CSW 25,4 (2002), S. 305–317.

ohne dabei die Interpretationen von jüdischer oder katholischer Seite zu beachten. Wegen der scheinbar von Gott verlangten Massaker klagt Weil die Religion der Hebräer im Alten Testament an, mehr einen Gott der *force* als der Liebe anzubeten, sowie der Idolatrie der eigenen nationalen Größe anheimgefallen zu sein, zumindest in den Schriften vor dem babylonischen Exil (LR 15–17; PSO 51, 54f.). Die Weisheit der jüdischen Religion soll dieser von außen zugekommen sein, zum Beispiel von Ägypten und dessen Weisheitsschriften (OC IV, 1 380–382; LR 17). Das antike jüdische Volk soll den Sinn des Leidens, in der Deutung Weils, nicht verstanden und es lediglich als Strafe Gottes interpretiert haben. Es ist in Weils Augen daher nicht erstaunlich, dass Hiob kein Hebräer war (OC VI, 4 293, 295f.). Einer der Gründe, den Emmanuel Gabellieri in seinem Buch *Être et Don* anführt, welchen Simone Weil für diese Verwechslung zwischen der Macht und der Güte Gottes angibt, ist, dass das jüdische Volk in der Gewalt und der Sklaverei Ägyptens entstand (davor war es nur ein Stamm gewesen) (OC VI, 2 100).[197] Aus dieser Erfahrung heraus hatte es gelernt, Gewalt mit derselben Münze heimzuzahlen. Dies machte es unfähig, das Übernatürliche sowie die Offenbarung eines unendlich guten Gottes anzunehmen.

Was Ratzinger zu diesem Thema sagt, wird, denke ich, etwas mehr Klarheit in Weils Position bringen. Wie Ratzinger aufzeigt, entwickeln sich Religionen nicht in einem geschlossenen System. Sie interagieren, entfalten

197 Gabellieri *Être et Don* 381f.. Simone Weil scheint ihre negative Ansicht über den Gott des Alten Testamentes von ihren Lehrern übernommen zu haben. Wie Gabellieri bestätigt, war diese bei Lachelier, Lagneau, Brunschvicg und Alain gang und gäbe. Und wenn man noch weiter zurückgreift, entdeckt man, dass sie schon bis Spinoza, Kant und Hegel zurückreicht (384f.).

und beeinflussen sich gegenseitig, wie es auch der Fall zwischen dem Judentum und anderen Religionen war. In Simone Weils Augen ist der Götzendienst an der eigenen Nation im jüdischen Glauben wesenhaft verankert, und alles, was ihm aus Ägypten und Griechenland zugekommen ist, bleibt etwas rein Äußerliches und reicht nicht, um ihn zu erneuern. Dies beweist für die französische Denkerin letztendlich die Überlegenheit dieser Religionen gegenüber der hebräischen. Aber in Wirklichkeit, wie Ratzinger in seinem Kapitel »Wahrheit des Christentums?« konstatiert, war die jüdische Religion nicht in Stein gemeißelt. Stattdessen »entfaltet sich [das Wort Gottes] in einem Prozeß der Begegnungen mit der Suche des Menschen nach Antwort auf seine letzten Fragen«. Und er schreibt weiter: »es ist nicht einfach steil vom Himmel herabgefallen, sondern es ist geradezu eine Synthese von Kulturen « (GWT 160).[198]

Ja, die große Versuchung Israels ist die Idolatrie: zuerst die der Götter, welche sie umgeben, und dann ihrer eigenen Nation. Allerdings dürfte diese Versuchung eine allgemein menschliche sein, wenn man in Betracht bezieht, dass die Zehn Gebote durch das Neue Testament nicht aufgehoben worden sind und zudem das Verbot des Götzendienstes an erster Stelle im Dekalog steht. Im Übrigen bestätigen die philosophischen und anthropologischen Untersuchungen des heiligen Augustinus, Pascals, Rene Girards und Simone Weils eben dies. Das Herz, das unruhig ist, bis es in Gott ruht, um Augusti-

198 Emmanuel Gabellieri sagt etwas Ähnliches in seinem schon erwähnten Artikel »Simone Weil entre le paganisme et la Bible«. Levinas zitierend stellt er fest, dass Simone Weil der Tatsache nicht gerecht wird, dass die Bekehrung des Volkes Israel über einen weiten Zeitraum stattfand und dass dieses Volk keine Angst davor hatte, seine Schwachheit und seine Laster zu zeigen (37).

nus zu zitieren, findet seine Erfüllung nicht in endlichen Gütern, auch wenn das Individuum ihnen absoluten Charakter zuspricht. Die Ausflucht, sich zu zerstreuen, um diese Leere im eigenen Ich, welches Gott noch nicht angenommen hat, nicht konfrontieren zu müssen, ist letztendlich eine Selbstlüge, wie Pascal zeigt, die einen freilich bis zum Tod begleiten kann.

Es wird oft gegen das Alte Testament angeführt, dass viele seiner Hauptfiguren Götzendiener, Diebe und Ehebrecher sind. Im Gegensatz zu Buddha, Konfutse oder Laotse, mögen Abraham, Isaak, Jakob und Mose »recht mittelmäßig und armselig« erscheinen, wie Ratzinger schreibt. Jean Daniélou zitierend, antwortet er darauf mit den Worten Romano Guardinis, dass im Gegensatz zu anderen Religionsstiftern wir nicht »große religiöse Persönlichkeiten«, sondern »Diener des Wortes« sind (GWT 34–36). Nicht nur begnadete Individuen, welche eine hohe Spiritualität erfahren dürfen, sind berufen, sondern Sünder – und durch sie ein ganzes Volk und durch dieses Volk die ganze Welt. Gottes Wort zu empfangen und ihm zu gehorchen ist das Wesentliche und nicht die Askese. Um dazu fähig zu sein, sagt Ratzinger, verlangt Gott oft zuerst, dass man, wie Abraham, seine irdische Heimat und sogar Elemente seiner Kultur aufgibt (ebd. 160f.).[199]

199 »Die Bibel ist nicht einfach Ausdruck der Kultur des Volkes Israel, sondern sie liegt ständig im Streit mit dem ganz natürlichen Versuch dieses Volkes, einfach es selbst zu sein, sich in seiner eigenen Kultur einzuhausen« (GWT 160).
Im Gegensatz dazu steht Simone Weils Interpretation des jüdischen Volkes und eines großen Teiles des Alten Testamentes. Jahwe, den Abraham anbetet, ist ein Herrscher, welchen die Juden, meint Simone Weil, leichten Herzens fallen lassen, als sie in Ägypten sind. Dieser Gott verteidigt keine authentische Moral, denn er verlangt zum Beispiel Menschenopfer (OC VI, 4 147). Die französische

Dem jüdischen Volk ist es nicht gestattet, wie die anderen Völker Götzen zu ehren oder sein Heil im Lande Israel zu suchen, auch wenn es intensiv um dieses sein Land hat ringen müssen: es ist zu Höherem berufen. »Der Glaube an Gott und das Ja zum Willen Gottes wird ihm ständig gegen seine eigenen Vorstellungen und Wünsche abgerungen« (ebd.). Das Exil in Babylon hätte das Ende der jüdischen Religion bedeuten können; ein vergleichbares Erlebnis hätte heidnische Religionen ausgerottet. Erobert und versklavt zu werden, wurde als Zeichen der Schwäche der eigenen Götter interpretiert. Doch Gott verlässt sein Volk im Exil nicht, und der Glaube der Israeliten kommt sogar gestärkt aus dieser Erfahrung heraus.[200] Gott hängt nicht von einem Stück Land ab. Er kann es geben, wie es auch wieder zurücknehmen, und der Glaube an ihn sollte nicht daran hängen (ebd. 118, 120). Er bedarf nicht einmal des Kults an einem bestimmten Ort (wie im Tempel zu Jerusalem), noch will er geschlachtete Opfer; was Gott will, ist ein reines Herz (ebd. 120).

Während Simone Weil in Hiob eine Figur sieht, welche der jüdischen Mentalität fremd ist und im Grunde eine Schranke zwischen den Kulturen und einen Gegensatz zwischen der authentischen und der jüdischen Religion darstellt, findet der im Buch Hiob ausgetragene Konflikt,

---

Philosophin akzeptiert nicht, dass die Geschichte von der Opferung Isaaks das Opfer Christi vorausahnen lässt. Sie berücksichtigt zugleich nicht, dass im Gegensatz zu anderen Religionen kein Menschenopfer stattfindet.

200 In Weils Augen ist der nach-exilische Glaube wesentlich verschieden von dem vor-exilischen: »Indem sie ein Monopol um den Tempel aufgebaut haben, wollten die hebräischen Priester aus der Religion etwas rein Soziales machen […]. Darum hat nur das Exil, indem es das Volk völlig zerstört hat, ihm erlaubt, Gott zu entdecken, den Gott der zurückgezogenen Seele, den Vater, der im Verborgenen wohnt« (OC VI, 4 295).

gemäß Ratzinger, im Judentum selbst und sogar in jedem menschlichen Herzen statt (OC VI, 4 295f., 329). »Der Glaube Israels bedeutet eine fortwährende Selbstüberschreitung der eigenen Kultur ins Offene und Weite der gemeinsamen Wahrheit hinein«, schreibt Ratzinger in *Glaube – Wahrheit – Toleranz* (GWT 161). Simone Weil hingegen sieht, wie gesagt, die jüdische Religion wie eingeschlossen in ihrem eigenen Nationalismus.[201]

In ähnlicher Weise beweist die Übernahme der Weisheitsliteratur aus Ägypten nach dem babylonischen Exil nicht, dass das Judentum ganz anderer Gesinnung war, sondern vielmehr, dass es offen und fähig war, aus dem fremden Überlieferungsgut – neben dem Gesetz und den Propheten – einen Stützpfeiler seiner Religion zu machen (ebd. 121). Die Tora wurde nicht länger nur als Lebensregel für Israel angesehen, sondern als »Selbstdarstellung der Weisheit, als ihre Übersetzung in menschliche Rede und Weisung aufgefaßt« (ebd. 122). Umgekehrt zeigt die griechische Übersetzung des Alten Testaments, die Septuaginta, dass die jüdische Religion Einfluss auf die griechische Welt nahm, dass sie also einen Universalismus *in grano* besitzt, und »zu einer Faszination für den aufgeklärten Geist der Antike« wurde (ebd. 123f.). Die Nichtjuden, welche den einen Gott fürchteten, beteten in einem ihnen reservierten Hof vor dem Tempel, konnten jedoch vor der Ära des Christentums nicht ganz Teil

201 Villela-Petit stellt in ihrem schon erwähnten Artikel von 2002 fest, dass Simone Weil keine pädagogische oder historische Erklärung des Alten Testamentes erlaubt. Sie geht die Bibel zwar an wie ein Philosoph mit christlichen Erfahrungen, aber nicht wie ein Exeget. Für sie ist Gott das Gute, wie schon Platon gezeigt hatte, und das stimmt überein mit dem dreifaltigen Gott, der die Liebe ist. So ist die Darstellung Gottes als Tyrann eine menschliche Erfindung, welche der Versuchung der Idolatrie nachgegeben hat (287ff).

der jüdischen Religion werden, weil sie nicht jüdischer Herkunft waren.

Als Christus die gute Nachricht ankündigt, hebt er das Gesetz, wie wir wissen, nicht auf. Wie Ratzinger in seinem Essay »Israel, die Kirche und die Welt« von 1994 schreibt, der in *Die Vielfalt der Religionen und der eine Bund* erschienen ist, löst Jesus das Paradox des Glaubens Israels auf, welcher einerseits eine universelle Dimension hatte (mit der Ankündigung an Abraham, seine Nachkommen seien so zahlreich wie der Sand am Meer), andererseits sein spezifisches Gesetz, welches an ein einzelnes Volk gerichtet war. Um das Gesetz für andere zu öffnen, um seinen Sinn zu zeigen, um zu entscheiden, was bleiben sollte und was unwesentlich war, musste Gott selbst einschreiten. Nur jemand mit der Autorität des Vaters, der inkarnierte Sohn Gottes, konnte dies tun. Dies ist letztendlich der Grund für den Konflikt zwischen Jesus und den Pharisäern (VREB 35f.). Denn Jesus geht nicht nur gegen den buchstäblichen Sinn mancher Gebote an, sondern spricht mit der Autorität dessen, der diese souverän interpretieren kann. Der Messias, stellt Ratzinger es in seinem Vortrag »Der Neue Bund: Zur Theologie des Bundes im Neuen Testament« (zuerst 1995 veröffentlicht) fest, bringt »die endgültige Auslegung der Tora, [...] in der die Tora selbst erneuert wird, weil nun ihr wahres Wesen rein erscheint und ihr Charakter als Gnade unverstellt Wirklichkeit wird«. Es wird nun klar, dass »die Tora des Messias« »der Messias, Jesus selbst«, ist (VREB 71, 72).

In diesem Sinne kann das Christentum nicht sein jüdisches Erbe aufgeben, welches uneingeschränkt zu ihm gehört und ohne dass es »keinen Zugang zu Jesus« haben kann, schreibt Ratzinger in »Israel, die Kirche und die Welt« (ebd. 25). Dieser Konflikt wird am Kreuz gelöst, wo Christus »die Ganzheit des Gesetzes« erfüllt und »es so den Heiden [übergibt], die es nun auch in dieser seiner Ganzheit als das ihrige annehmen können und damit Kinder Abrahams werden« (ebd. 39). Denn das Kreuz, wie es Ratzinger in »Der neue Bund« schreibt, ist die Folge des »relationalen« oder beziehungsbezogenen, trinitarischen Wesens Gottes, der seine Schöpfung liebt und der seine Liebe ganz vollzieht, indem er sein Leben hingibt (ebd. 73f.). Das Bündnis, das Gott mit seinem Volk eingeht, ist dementsprechend nicht wie das eines orientalischen Herrschers, sondern Offenbarung seiner Liebe und Freundschaft. Eben deswegen ist dieser Gott selbst im Buch Exodus kein Gott der *force*, wie es Simone Weil fälschlicherweise annimmt.

## Der Glaube

Um kurz die Frage des Glaubens anzusprechen. Eine Grundtatsache versteht sich sowohl für Weil wie für Ratzinger von selbst: Der Glaube ist freies Geschenk Gottes, daher ist er nicht selbstherrlich applizierbar, weder einem anderen noch sich selbst. Man kann den Boden für den Empfang des Glaubens vorbereiten, die Voraussetzungen dafür schaffen, der Hauptakteur bleibt freilich Gott selbst. Die französische Philosophin beginnt ihren Essay »Pensées sans ordre concernant l'amour de Dieu«[202] mit der Behauptung, dass »es nicht von uns abhängt, an Gott zu glauben, wohl aber davon, unsere Liebe nicht an falsche Götter zu hängen« (OC IV, 1 280). Denn es ist verlockend, seinen Glauben den endlichen Gütern dieser Welt zu schenken, in der Annahme, dass diese unsere Sehnsucht nach dem Absoluten befriedigen könnten. Dieser falschen Hoffnung zu entsagen, ist schmerzhaft, denn die Entsagung verlangt, dass man die

202 In: OC IV, 1 S.280–284.

Welt und sich ohne den Schein des Prestiges betrachtet. Es bedeutet, die Leere, welche diese Absage in einem hinterlässt, anzunehmen und damit für das absolut Gute Raum zu schaffen.[203]

Infolgedessen unterscheidet Simone Weil zwischen *foi* und *croyance*, zwischen Glaube und Meinung. Im strikten Sinne, nach Weilscher Nomenklatur, gibt es Glauben nur, wenn die Seele von Gott ergriffen worden ist, wie sie in »Réflexions sans ordre sur l'amour de Dieu« schreibt, und wie es ihr während ihrer eigenen mystischen Erfahrung ergangen ist. Sonst bleibt die Person im Bereich der Meinung, welche sie dem Glauben nicht näherbringt. In diesem Sinne macht es keinen Unterschied hinsichtlich des späteren Empfangs des Glaubens, ob jemand gläubig oder agnostisch ist; denn der sogenannte

203 In seinem Artikel »Unicité de la vérité et universalisme religieux weilien« erklärt Marianelli Simone Weils Zitat, dass »jede Religion die einzig wahre ist« in folgender Weise: die Philosophin meine damit nicht, dass alle Religionen gleich seien, sondern dass die Tradition, auf welche diese Religionen zurückgreifen, wesentlich dieselbe sei (OC VI, 3 202 u. OC VI, 2 326). Es handele sich dabei nicht um Synkretismus, sondern darum, dass die verschiedenen Religionen mehr oder minder implizit auf Christus deuten würden. »Das Lamm, das geschlachtet wurde« seit der Erschaffung der Welt (Offb. 13:8; OC IV, 2 241), ist jedem in seinem Leiden gegenwärtig. Wie das zweite Vatikanische Konzil es deutlich in *Gaudium et Spes* (Nr. 22) ausspricht, ist Christus durch seine Inkarnation mit jedem Menschen vereint, in der Vergangenheit wie in der Zukunft, welche dem Katholizismus eine Universalität zuspricht, welche ihr zu Lebzeiten Weils noch nicht zuerkannt wurde (Marianelli 382–387)(Zweites Vatikanisches Konzil, *Gaudium et spes*, 7.12.1965, http://www.vatican.va/archive/hist_councils/ii_vatican_council/documents/vat-ii_const_19651207_gaudium-et-spes_ge.html).

»Gläubige« glaubt im Grunde genommen nicht wirklich (OC IV, 1 278). Glaube gehört im Weilschen Sinne folglich in den Bereich der Gewissheit; denn wenn Gott die Seele ergreift, hat sie keinen Zweifel mehr daran, was ihr geschehen ist (cf. ebd. 333).

Auch wenn Ratzinger nicht diese radikale Unterscheidung zwischen Meinung und Glaube vornimmt, so würde er zustimmen, dass der Glaube nicht reine Meinungssache ist (der Glaube wird immer als Gnade, als Gabe des Heiligen Geistes gesehen).[204] Aber jeder muss Stellung beziehen, wie er so wunderbar in *Einführung ins Christentum* (1968) schreibt. Man kann einer Entscheidung Gott gegenüber nicht aus dem Weg gehen. Indem man sich für den Atheismus oder den Agnostizismus entscheidet, bleibt man immer noch im Bereich des Glaubens, denn man kann keine Gewissheit darüber gewinnen, dass Gott nicht existiert (EC 39). Der Glaube ist die »Form des Standfassens des Menschen im Ganzen der Wirklichkeit, die Sinngebung, ohne die das Ganze des Menschen ortlos bliebe« (ebd. 65). Aber dieser Sinn muss entdeckt und darf nicht frei erfunden werden. Wie Ratzinger treffend schreibt: »der Sinn ist das Brot, wovon der Mensch im Eigentlichen seines Menschseins besteht« (ebd). »Christlich glauben bedeutet ja, sich anvertrauen dem Sinn, der mich und die Welt trägt« (ebd. 66).[205] Das immunisiert einen nicht gegen den Zweifel, denn »der Abgrund […] lauert« (EC 36f.). Der Christ ist »ans Kreuz

204 *Katechismus der katholischen Kirche,* München: R. Oldenbourg Verlag, 1993, Nr.153–155.

205 Wie Ratzinger erklärt, ist der Glaube nicht einfach mit der Religion zu identifizieren. Das Christentum, zum Beispiel, ist auf den Glauben gegründet, während das Alte Testament als Gesetz oder als Lebensweisung angesehen wurde. Andere Religionen hingegen sind nur Rituale (EC 42).

geheftet – das Kreuz aber an nichts, treibend über dem Abgrund« des Zweifels und des Nihilismus (EC 37). Das erinnert an eine Metapher Weils, dass wir Schiffbrüchige sind, aber doch durch das Seil des Übernatürlichen gehalten werden, wenn wir uns daran festhalten.[206]

In seiner *Theologischen Prinzipienlehre* von 1982 spricht Ratzinger von den drei verschiedenen Dimensionen des Glaubens, d.h. zum einen von der *metanoia* oder Bekehrung, dann von der Kenntnis und Praxis, und schließlich vom Vertrauen und der Freude. Ich denke, dass Simone Weil dieser Differenzierung beipflichten würde. Der Glaube verlangt – ob es am Anfang oder im weiteren Verlauf des Glaubenslebens ist – eine fundamentale Veränderung, eine radikale Ablösung, welche viele Christen zu vermeiden suchen (TP 57, 63). Gemäß Weil scheuen das Fleisch und die menschliche Mittelmäßigkeit den inneren Tod, den das Licht der Wahrheit mit sich zieht, und ziehen es vor, in einer selbstgestalteten Fiktion zu leben (OC IV, 1 322).

Es handelt sich bei dem Glauben niemals um eine Entscheidung, welche eine Person allein von sich und aus sich heraus treffen würde, sondern immer um eine Antwort auf eine andere Person, auf ein »Du« (TP 65f.). Auch wenn Ratzinger dies nicht wie Weil das »Herabsteigen Gottes« nennt, ändert das nichts an der Tatsache, dass die beiden Denker – und dies stimmt mit dem christlichen Verständnis des Glaubens und der Geschich-

206 »Wir sind wie Schiffbrüchige, die sich auf dem Meer an Planken klammern und völlig passiv von allen Bewegungen der Strömungen hin und her geworfen werden. Von der Höhe des Himmels wirft Gott jedem von uns ein Seil zu. Wer das Seil packt und es nicht, trotz des Schmerzes und der Angst, loslässt, bleibt wie die anderen den Schüben der Wellen unterworfen; nur verknüpfen sich diese Schübe mit der Spannung des Seils, um ein neues mechanisches Ganzes zu formen« (OC IV, 2 287).

te der Offenbarung überein – betonen, dass die Initiative von Gott ausgeht, wenn es sich um den Glauben als das intime Wissen um Gott handelt (ebd. 67, 71f.).

Radikale Veränderung oder *metanoia* ist wesentlich das Gleiche wie der Glaube, wie Ratzinger schreibt (ebd. 65).[207] Auch in Simone Weils Augen verlangt zumindest der implizite Glaube, dass man sich dem Licht, also der Wahrheit und dem Guten, wie in Platons Höhlengleichnis, zuwendet, und zwar aus Liebe zum Guten, dessen Anwesenheit man schattenhaft erahnt durch die Offenbarung des Übernatürlichen in der Schönheit, Nächstenliebe, Liturgie und Freundschaft (OC IV, 1 286).[208] Für beide Denker handelt es sich dabei um einen niemals endenden Prozess, der ein andauerndes Wachstum erfordert (TP 65).

Aber für Simone Weil findet der Glaube im engen Sinne nur statt durch ein Herabsteigen Gottes, in einer persönlichen Offenbarung, wie sie selbst sie in ihrem mystischen Erlebnis erfuhr, als Christus sie »packte« (»le Christ lui-même est descendu et m'a prise« (AD 45)). Bedeutet dies, dass alle Gläubigen auch Mystiker sein müssen? In gewisser Hinsicht schon, denn die Seele erfährt Gott auch

207 »Ja, der Glaube ist die Bekehrung, in der der Mensch entdeckt, dass er einer Illusion folgt, wenn er sich dem Greifbaren allein verschreibt« (EC 45). »Der Glaube bedeutet eine Entscheidung dafür, dass Gedanke und Sinn nicht nur rein zufälliges Nebenprodukt des Seins bilden, sondern dass alles Sein Produkt des Gedankens, ja selbst in seiner innersten Struktur Gedanke ist« (ebd. 140).

208 Der implizite Glaube oder die implizite Liebe zu Gott ist für sie ein wichtiges Konzept, das sie an sich selbst erfahren hatte, als sie – wie sie später schrieb – Gottes Befehlen schon gehorcht hatte, als sie noch Agnostikerin war. Schon als Jugendliche folgte sie radikal der Wahrheit, liebte die Armut, entschied sich zur Keuschheit.

in dunkler Seelennacht, ob sie sich dessen bewusst ist oder nicht.[209]

Der Glaube ist eine Antwort auf eine Initiative Gottes, wie Ratzinger schreibt: »Gott ist nicht ruhendes Objekt, sondern der aktive Grund unseres Seins, [...] der an die innerste Mitte unseres Seins anklopft und freilich gerade darum überhört werden kann, weil der Mensch so leicht weit weg von seiner Mitte, von sich selber lebt« (TP 71f.). Es geht beim Glauben nicht um eine Flucht aus der Wirklichkeit, eine Fiktion, der man sich hingibt, wenn dies auch die Situation der meisten Menschen ist, die sich im Schattenreich (wie Platon es beschreibt) wohl fühlen (OC IV, 1 92), sondern der Glaubende will »die Wurzel des Objektiven aufdecken« (TP 73).[210] Dies erfordert, dass die ganze Person auf dieses »Du« antwortet, das sich ihm selbst mitgeteilt hat, und in ihrem ganzen Wesen nachhallt (ebd. 75f.). Ein Glaubensakt ist daher im Kern kein neutraler Behauptungssatz, den man ausspricht, sondern bedeutet, Gott sein Vertrauen zu schenken und anzureden (ebd. 77).[211] Es ist an sich schon ein Akt der Anbetung, wie Ratzinger

209 »Das ganze Problem der Mystik und der damit verbundenen Themen ist eine Frage der Bedeutung der Wahrnehmung von Anwesenheit« (OC VI, 4 102). Eine solche Person, wenn sie sich dem absolut Guten zuwendet, ist daher schon Mystiker, auch wenn sie sich dessen nicht bewusst ist.

210 Natürlich besteht die Gefahr, dass *le social* (fast) perfekt den Glauben imitiert. Dann ist es so, dass die verschiedenen Dimensionen der Seele scheinbar zufriedengestellt sind: der Teil, welcher das Gute sucht, glaubt genährt zu sein, während der mittelmäßige Teil nicht von seinem Licht geblendet noch von seinen Herausforderungen gestört wird (OC IV, 1 325f.).

211 Evangelium (*euangelion*) bedeutet, wie Ratzinger schreibt, »Kaiserbotschaft« (TP 82). Die Botschaften Gottes bereiten wegen ihrer Radikalität nicht unbedingt Vergnügen, aber sie erfreuen das Herz, da sie Gottes

erklärt (ebd. 78). Seine wesentlichste Eigenschaft besteht darin, diese Begegnung mit Christus, die Erfahrung des »Sinn[es] der Welt als Person«, zu machen (EC 71).

### Das Verhältnis von Glaube und Vernunft

Simone Weils große Sorge war, dass, wenn sie katholisch würde, sie ihre Gedankenfreiheit verlieren könnte, indem sie nicht nur allen vergangenen, sondern auch zukünftigen Dogmen Glauben schenken müsste. Sie wollte sich die Möglichkeit offen halten, anderer Meinung sein zu dürfen und anderen Überzeugungen gegenüber sich nicht verschließen zu müssen.[212] Das Dogma, so schlägt sie vor, solle deswegen nur eine »Orientierung der Blickrichtung« anbieten. Man sollte ihm seine ganze Aufmerksamkeit widmen, mit allen sich daraus erschließenden möglichen, radikalen Konsequenzen (AD 248; LR 54, 67f.).[213] Aber es solle einen nicht dazu verpflichten, einen bestimmten

---

unendliche Liebe für den Menschen in der Kreuzigung Christi offenbaren (ebd. 84).

212 In gewisser Weise ist es ironisch, dass Simone Weil genau die Religion unter den antiken und zeitgenössischen Religionen scharf kritisiert hat, welche den Verstand so hochschätzt.

213 Das ist auch André Nauds Standpunkt (*Les dogmes et le respect de l'intelligence: plaidoyer inspiré par Simone Weil*, Québec: Fides, 2002), der Schwierigkeiten mit der Stellung des Dogmas in der katholischen Kirche hatte, bis er Simone Weil entdeckte.
Es ist interessant zu bemerken, dass der *Katechismus der katholischen Kirche* von 1992 (in deutscher Sprache in 1993 erschienen) ein Vokabular verwendet, welches dem Weils ähnelt: »Unser Leben und die Dogmen stehen in organischer Verbindung. Die Dogmen sind Lichter auf unserem Glaubensweg, sie erhellen und sichern ihn. Umgekehrt werden durch ein rechtes Leben

Glaubensinhalt anzunehmen. Der Verstand könne nämlich nicht dazu gezwungen werden, etwas zu glauben. Es scheint mir allerdings, dass es sowieso nicht nur die Vernunft, sondern die Person als Ganze betrifft – inklusive Herz und Wille –, welche zustimmen muss. Simone Weil deutet das selbst an, als sie in ihrem Brief an Couturier schreibt, dass die Geheimnisse des Glaubens nicht Gegenstand der Intelligenz, sondern der übernatürlichen Liebe sind (LR 64f.). Glaube heißt, wie sie weiter ausführt, die Unterordnung aller Fähigkeiten der Seele unter die Fakultät der übernatürlichen Liebe zu stellen. Das ist wesentlich ein Vertrauensakt. Diesen Akt der katholischen Kirche gegenüber zu setzen, sie als Vertreterin Christi auf Erden anzuerkennen, würde bedeuten, ihr mit der ganzen Person, und nicht nur mit dem Verstand, Vertrauen zu schenken. Würde das etwas an der Position Weils ändern, die in der bindenden Kraft des Dogmas totalitaristische Gefahren zu sehen glaubte?[214] Es scheint mir so. Denn es zeigt, dass Dogmen nicht primär eine Frage des Verstandes sind, auch keinen Zwang ausüben, sondern vielmehr – ohne jemals gegen die Vernunft, die Wahrheit und das Gute gerichtet zu sein – den Menschen erleuchten, herausfordern und zu einer Bejahung hinführen, die auch

---

unser Verstand und unser Herz geöffnet, um das Licht der Glaubensdogmen aufzunehmen« (Nr. 89).

214 Seit ihrem Tod wird Simone Weil manchmal von liberaler Seite in Besitz genommen. Allerdings widerspricht Weil manchen liberalen Kernpunkten mit ihrem Fokus auf das Übernatürliche, ihrem Glauben an die Realpräsenz in der Eucharistie, an die Jungfrauengeburt, wie auch an die katholische Sexualmoral. Auch wenn sie einerseits Angst vor »totalitären« Tendenzen in der Kirche hatte, so sah sie andererseits die Notwendigkeit von Gehorsam und Autorität als fundamentale Bedürfnisse der Seele an, wie sie am Anfang von *l'Enracinement* erwähnt (OC V, 2 120, 124).

eine Antwort auf die Person Christi darstellt. Interessanterweise spricht der spätere Katechismus von 1992 davon, dass die Dogmen »Lichter auf unserem Glaubensweg« darstellen.[215]

Da die Wahrheit eine ist, können Glaube und Vernunft einander nicht widersprechen. Im Gegenteil, der Glaube ohne Verstand wäre »nicht menschlich«, wie Ratzinger in seinem in *Glaube – Wahrheit – Toleranz* abgedruckten Vortrag für ein Treffen zwischen der Glaubenskongregation und den Präsidenten der Glaubenskommissionen der verschiedenen Bischofskonferenzen Lateinamerikas 1996 in Mexiko vorgetragen hatte. Der Titel dieses Vortrags lautet: »Die in den 1990er Jahren aufgebrochenen neuen Fragestellungen – zur Lage von Glaube und Theologie heute« (GWT 92f.).[216] Von der Vernunft abgekapselt, könnte der Glaube von den Menschen auch das, was gegen Moral, Wahrheit, Gerechtigkeit oder den gesunden Menschenverstand geht, verlangen (EC 69f.). Allerdings reicht der Verstand allein nicht aus. Er bedarf des Glaubens, auf dass der Mensch von seinen positivistischen Tendenzen, wie Ratzinger schreibt, von seinen autokratischen Versuchungen und seinen Ideologien, welche eine Krankheit des Geistes darstellen, geheilt zu werden vermag: »Die Vernunft wird ohne den Glauben nicht heil, aber der Glaube wird ohne die Vernunft nicht menschlich« (GWT 110). Ein Glaube, welcher dem Verstand widerspricht, würde bedeuten, für Un-Sinn offen zu sein. Vom Christentum, wo Glaube und Vernunft Hand in Hand gehen, schreibt Ratzinger, dass »die Aufklärung [...] [Teil der] Religion

215 Siehe Fussnote 213.

216 Wie Ratzinger feststellt, ist der Glaube »Zugehen auf den ›Logos‹, auf die ›Ratio‹, auf den Sinn und so auf die Wahrheit selbst, denn am Ende kann und darf der Grund, worauf der Mensch sich stellt, kein anderer als die sich eröffnende Wahrheit selber sein« (EC 68).

werden [kann], weil der Gott der Aufklärung selbst in die Religion eingetreten ist« (ebd. 139). Dies bedeutet, dass das Christentum all dem, was in einer anderen Religion wahr und gut ist, offen gegenüber sein kann. Auch Simone Weil folgt dem heiligen Paulus (den Ratzinger gleichfalls zitiert) in seinem Brief an die Philipper »was immer wahrhaft, edel, recht, was lauter, liebenswert, ansprechend ist, was Tugend heißt und lobenswert ist, darauf seid bedacht!« (Phil. 4:8), wenn sie schreibt: »es gibt keinen christlichen Standpunkt und andere Sichtweisen, sondern es gibt nur die Wahrheit und den Irrtum. Das will nicht heißen, dass alles, was nicht christlich falsch ist, sondern dass alles, was wahr ist, auch christlich ist« (OC VI, 3 395).

In seiner Verteidigung der Enzyklika *Fides et Ratio* von Johannes Paul II schreibt Ratzinger: die Suche nach der Wahrheit sei im tiefsten Wesen des Menschen verankert und könne deswegen niemals als fundamentalistisch bezeichnet werden. Im Gegenteil, auf die Wahrheit zu verzichten, würde bedeuten, jeder neuen Mode ausgeliefert zu sein, ein Spielball des Zeitgeistes zu werden, was in direkter Linie zum Totalitarismus führt (GWT 153f.). Eine der Hauptgründe für den weitverbreiteten Relativismus in der Moderne, wie Ratzinger sagt, ist es, die Prinzipien des Positivismus zu akzeptieren, die Methodologie der empirischen Wissenschaft ungefragt zu übernehmen und sie auf die Geisteswissenschaften und das tägliche Leben zu übertragen (GWT 154f.). Simone Weil würde Ratzinger hier durchaus zustimmen.

Wie auch Ratzinger, wehrt sich Simone Weil gegen eine Schubladenmentalität, wenn es zum Thema Glaube und Wissenschaft kommt. Sie sieht in dem Versagen der Kirche, den Behauptungen der Wissenschaft zu antworten, einen der Gründe für den weitverbreiteten Verlust des Glaubens (LR 58, 63) (GWT 115f.). Die Religion, wie Ratzinger in seinem Aufsatz »Glaube zwischen Vernunft und Gefühl« sagt, sollte den Menschen ganzheitlich integrieren, das heißt, seinen Verstand, seine Gefühle und seinen Willen in Harmonie miteinander bringen. Wenn ein Teil fehlt, wenn Wissenschaft oder Religion einander verwerfen, dann wird der Zustand pathologisch (GWT 127f.).

Da sie (noch) nicht auf alle ihre Fragen Antworten fand, dachte Simone Weil, dass es ehrlicher wäre, sich nicht taufen zu lassen.[217] Sie war sich zwar dessen bewusst, dass bestimmte Aspekte des Glaubens ein Geheimnis bleiben würden. Und in diesen Fällen nahm sie ihre Haltung des Wartens (der *attente*) an, bis dass sich das Mysterium etwas erhellen würde. Aber sie war sich dessen nicht bewusst, dass es auf manche ihrer Fragen, welche rein spekulativ waren, keine Antwort geben könne. – In *Lettre à un religieux*, schreibt sie, dass das Konzil von Trient den

217 Vielleicht hat Weil nicht ganz den folgenden Sachverhalt verstanden, den Ratzinger so ausdrückt: »Weil der Glaube das nicht von mir Erdachte, sondern das von außen auf mich Zutretende ist, darum ist sein Wort mir nicht beliebig verfügbar und austauschbar, sondern mir immer vorgeordnet, meinem Denken allzeit voraus« (EC 84). Im Gegensatz zur Philosophie ist der Glaube nicht etwas, was von mir zuerst wie eine philosophische Reflexion durchdacht wird, sondern etwas, das primär gehört und aufgenommen werden soll. Der Glaube hängt von jemand anderem ab und vereint mich mit diesem. »Glaube hingegen ist zuerst ein Ruf in eine Gemeinsamkeit, in die Einheit des Geistes durch die Einheit des Wortes« (ebd. 85). Auch wenn »le social« – wie Weil das Phänomen der Massendynamik nennt – noch in der Kirche auf Erden, da sie aus Sündern besteht, präsent ist, ist die Kirche doch wesentlich etwas anderes. Der Glaube selbst verlangt nach der Kirche als mystischem Leib Christi. Das Christentum ist »nicht ein System von Erkenntnissen […], sondern ein Weg« und »das Wir der Glaubenden« ist keine »sekundäre Zutat für kleine Geister«, wie Ratzinger schreibt, sondern »in gewissem Sinn die Sache selbst« (ebd. 90).

Eindruck eines rigiden Glaubens erweckt, während ihr – verwirrenderweise – verschiedene Priester auf die gleichen Fragen unterschiedliche Antworten gegeben hätten (LR 44f., 51). Aber selbst wenn das Konzil von Trient systematisch vorging, um spezifische Antworten auf die von der protestantischen Reformation aufgeworfenen Fragen zu geben, so könnte man Weil antworten, dass sich der Glaube und die Kirche nicht auf ein System reduzieren ließen.[218] Simone Weil würde mit Ratzinger wahrscheinlich übereinstimmen, wenn er in seinem Aufsatz »Glaube zwischen Vernunft und Gefühl« schreibt, dass der christliche Glaube weder ein System ist, noch ein »geschlossenes Denkgebäude«, sondern ein Weg. Und »dem Weg ist es eigen, dass er nur durch das Eintreten in ihn, das Gehen darauf erkennbar wird« (GWT 118). Simone Weil gibt dies selbst in gewisser Weise zu, wenn sie schreibt, dass man eine Religion praktizieren oder ihr zumindest eine Aufmerksamkeit, die dem Glauben gleichkommt, schenken muss, um fähig zu sein, sie wirklich von innen und in aller Konsequenz beurteilen zu können (OC IV, 1 316). Wenn der Katholizismus ein System wäre, müsste man auf jede spezifische Frage eine Antwort finden können. Aber er ist kein System, wenn er sich auch, im Katechismus zum Beispiel, darum bemüht, systematisch – so weit wie möglich – jeden wichtigen Punkt des Glaubens und der Moral zu klären.[219] Die Fragen von Simone Weil sind spekulativ; zum Teil auch derart verstiegen, dass es

218 Ratzinger schreibt: »Glaube ist gerade im Sinn des Glaubensbekenntnisses und von seinem Ursprung her nicht eine Rezitation von Lehren, nicht ein Annehmen von Theorien über Dinge, über die man an sich nichts weiß und dafür umso lauter etwas behauptet, er bedeutet eine Bewegung der ganzen menschlichen Existenz« (EC 79f.).

219 »Auch die Kirche selbst und als ganze hat den Glauben immer nur als ›Symbolon‹, als gebrochene Hälfte, in Händen, die allein in ihrem unendlichen Verweisen über

nicht verwundert, wenn sie niemanden fand, der ihr zufriedenstellende Antworten gab, zumal nicht die probaten Ja- oder Nein-Antworten, die sie sich in *Lettre à un religieux* erwünschte (LR 12).

## Mission und Bekehrung – Eine Begegnung der Religionen

Aber was bedeutet Weils Ansatz, wenn es um Bekehrung, Religionswechsel und insbesondere um missionarische Bemühungen geht? Sie schlägt vor, dass jeder in seiner Religion bleibt, wenn sie nicht »zu ungeeignet ist, um den Namen des Herrn auszusprechen«, wie sie in ihrem Aufsatz »Formes de l'amour implicite de Dieu« schreibt (OC IV, 1 317). Man sollte nur dann eine neue Religion annehmen, wenn Gott selbst es einem in direkter Weise (wie durch ein mystisches Erlebnis) mitteilt, oder wenn die eigene Religion zu unvollkommen ist, sie einem nicht zusagt, oder man nicht in ihr erzogen worden ist und sie daher nicht praktiziert hat (was für sie der Fall mit der jüdischen Religion war). Denn für Simone Weil ist ein Religionswechsel eine »sehr ernste Entscheidung«, eine radikale Umwandlung, eine Entwurzelung (ebd.). Die Religion zu wechseln, ist für die Seele wie ein Sprachwechsel für einen Autor – und nur ein Schriftsteller weiß, was das wirklich bedeutet (ebd. 315).[220]

sich selbst hinaus, auf das ganz Andere hin, Wahrheit sagt« (EC 89).

220 Man könnte denken, dass jemand, der stundenlang das Allerheiligste Sakrament anbetet, der so wunderschöne Dinge über die Eucharistie schrieb, diese als exklusives Merkmal des Katholizismus erkennen und schätzen würde. Aber Simone Weil glaubte Vorahnungen und Beispiele der Eucharistie und der Taufe in den vorchristlichen Religionen zu finden (LR 27, 31). Da die Eucha-

Wenn Simone Weil auch gegen jede Missionierung im engen Sinne ist, so befürwortet sie doch, anderen dabei zu helfen, sich dem Licht zuzuwenden, um einer persönlichen Gotteserfahrung den Weg zu bereiten, in der Gott zu der Seele herabsteigt (OC IV, 2 93).[221] Dies zu tun, ist dringend nötig wegen des säkularen Humanismus von heute, welcher – so wie auch andere Ideologien – die Tür zur Transzendenz verschlossen hat: »Niemals, in der ganzen bekannten menschlichen Geschichte, hat es je eine Epoche gegeben, wo die Seelen so in Gefahr waren wie heute quer über den ganzen Globus« (AD 53). Es ist also von großer Dringlichkeit, das Christentum zu erneuern, wie sie Père Perrin schrieb: »Ich glaube, wie auch Sie, dass die Verpflichtung der nächsten zwei bis drei Jahre, eine so strikte Verpflichtung, dass man sich ihr fast nicht ohne Verrat entziehen kann, ist, der Öffentlichkeit die Möglichkeit eines wirklich inkarnierten Christentums aufzuzeigen« (ebd.). Sie spricht dabei von

ristie letztendlich nur eine von Gott beschlossene Konvention ist, wenn er auch in ihr real präsent ist, so kann er den Menschen auch auf andere Weise gegenwärtig sein (OC IV, 1 319). »Kurz und gut, der Kontakt mit Gott ist das wahrhaftige Sakrament« (ebd. 336).

221 Oder, zum Beispiel, scheint sie den missionarischen Ansatz der Jesuiten in China zu billigen, welche diejenigen Elemente in der chinesischen Kultur akzeptiert haben, welche dem Christentum nicht widersprechen. Allerdings kritisiert sie den Kolonialismus, der darauf folgte und die ursprüngliche Botschaft des Christentums untergraben hat (LR 36). Missionare haben ganze Völker entwurzelt, die evangelisiert werden sollten, und dabei unterlassen, die Verknüpfungspunkte zwischen deren Religion und dem Christentum deutlich zu machen, schreibt sie (ebd. 94). Aber der Hauptgrund für ihre Opposition gegen die Mission ist ihre Annahme, dass Menschen in jeder authentischen Religion in eine Beziehung zu Gott treten können (ebd. 33f.).

den ursprünglich christlichen Ländern des Westens, welche damit wieder zu ihren Ursprüngen finden würden.

Um erneut in Europa Wurzeln schlagen zu können, muss der Katholizismus mit seinen verschiedenen Kulturen alles beinhalten, außer, natürlich, der Lüge (ebd. 53f., 80, 81). Noch radikaler ausgedrückt, schreibt Simone Weil in ihrem *Cahier* XII, dass »es keinen christlichen neben anderen Standpunkten gibt, sondern nur die Wahrheit und den Irrtum. Nicht: was nicht christlich ist, ist falsch, sondern: alles was wahr ist, ist auch christlich« (OC VI, 3 395).[222] Sagte nicht schon der heilige Märtyrer Justinus, dass »was immer also von Allen trefflich [Wahres] gesagt worden, das ist Lehre von uns Christen«?[223]

Wenn der christliche Glaube anpassungsfähig an andere Kulturen ist, so ist es, wie Ratzinger denkt, weil er etwas mitteilt, das für jeden Menschen, welchen Ursprunges auch immer, zu jeder Zeit universell wahr ist. Elemente der christlichen Offenbarung können deswegen mehr oder weniger ausgeprägt oder schattenhaft und in Umrissen in den meisten Zivilisationen gefunden werden. In diesem Punkt würden wahrscheinlich er und Simone Weil übereinstimmen (GWT 55).[224] Mission mit Hilfe der In-

---

222 Um die Wahrheit klar zu erfassen, muss man sich von dem Streben nach Prestige lösen und dies kann allein durch Leid geschehen (OC IV, 2 214f.).

223 St Justin, II, Nr. 13, S. 138.

224 Mehr als das, schreibt Horst Bürkle in seinem schon erwähnten Artikel »'Den Originalton in den Religionen wahrnehmen'«, dass die Mission in Ratzingers Augen zum Wesen des Christentums gehört. Das Wort ist nicht aufgenommen worden. Deswegen musste es auf die Straße gehen, um seinem Wesen gerecht zu werden und sich an jeden Menschen zu richten, da jeder seinen Ursprung in Gott hat und dazu berufen ist, sich mit Ihm zu vereinen (582f.). Dieser missionarische Aspekt des Christentums führt zu einer Begegnung mit anderen

kulturation ist daher möglich, ohne dass etwas Gutes oder Wahres in einem anderen Land zerstört werden müsste. Aber sie verlangt, Christus anzunehmen und falsche Glaubenssätze aufzugeben.[225] [226]

---

Kulturen und verhindert, dass es sich mit bestimmten gesellschaftlichen Merkmalen identifiziert. Es löst damit auch einen Prozess der kontinuierlichen Selbstreinigung aus (583f.). Es wäre außerdem falsch, im Christentum eine eurozentrische Religion zu sehen. Man denke nur an seinen Ursprung im mittleren Osten, wo sich die drei Kontinente Asien, Afrika und Europa begegnen (585).

225 Auf den ersten Blick scheint es schwierig, einer Kultur eine ihr fremde Religion näher zu bringen, da die eigene Religion normalerweise im Zentrum von Kulturen steht (mit Ausnahme des säkularisierten Westens), wie Ratzinger in »Glaube, Religion und Kultur« feststellt (GWT 49). Aber Kulturen sind an sich, wegen der Fähigkeit des Menschen, den anderen in der Wahrheit zu begegnen, offen (ebd. 52–54). Was eine Kultur fortgeschritten oder primitiv macht, ist ihre Menschlichkeit, also ihre Nähe zur Wahrheit. Christus ist der Weg zu dieser Wahrheit, »weil er die Wahrheit in Person und damit der Weg des Menschseins ist« (ebd. 56). Insofern erlaubt das Christentum eine doppelte kulturelle Identität, nämlich einerseits zu einem bestimmten Volk zu gehören und andererseits Christ zu sein. Aber es erfordert ein konstantes Wachstum wie auch eine Reinigung des einzelnen wie auch seiner Kultur (ebd. 56–7). Ratzingers Analyse zeigt sehr deutlich, so scheint es mir, warum Mission nicht die Folge anmaßender Überheblichkeit ist, sondern Ausdruck des Wunsches, Menschen in der Wahrheit zu begegnen, welche sie zum Teil schon in sich haben, indem man ihnen den Weg zu einer vollständigen Offenbarung öffnet (ebd. 59–61).

226 Pfingsten hat es möglich gemacht, dass Menschen verschiedener Sprachen und Kulturen sich verstehen, wie Ratzinger betont, während Babylon allen eine Einheitssprache bzw. »Einheitszivilisation« vorgeschrieben hat, um seine Herrschaft zu festigen (ebd. 67).

## Lösungen – Die Frage des Heiles

Simone Weils Art, die Verschiedenheit der Religionen zu interpretieren, war ihre Antwort auf die Frage des Heils außerhalb des Christentums. Jedoch in »Formes de l'amour implicite de Dieu« vom Mai 1942 formuliert sie eine andere Replik, welche auch Atheisten und Heiden offensteht. Sie spricht von der Möglichkeit einer impliziten Liebe für und eines impliziten Glaubens an Gott, bevor man von seiner Existenz weiß (OC IV, 1 285, 293). Denn die Liebe zu Gott kann sich in Liebe zum Nächsten ausdrücken (*caritas*), zur Liturgie, zur Schönheit der Welt oder in der Freundschaft.[227] Glauben und Liebe können

227 Dem ersten Anschein nach könnte man denken, dass die implizite Liebe und der implizite Glaube an Gott in Weilscher Terminologie dem Rahnerschen Begriffs des »anonymen Christen« ähnlich sein könnten, oder sogar, dass sein Ansatz für Simone Weil eine zufriedenstellende Antwort darstellte. Aber Rahners »anonymer Christ« deckt sich nicht mit der Idee der *anima naturaliter Christiana* Tertullians, d.h., dass jeder Mensch auf Christus hin geschaffen ist und in ihm seine Erfüllung erfährt. Sondern, wie Ratzinger es in seiner *Theologischen Prinzipienlehre* erklärt, möchte Rahner die transzendentalen Kategorien des Subjektes überwinden um das Individuum in die Geschichte einzubetten. Denn der Mensch ist wesentlich ein Hörender des Wortes und ist auf etwas gerichtet, das ihm von außen zukommt, d.h. eine Offenbarung (TP 170). Rahner kann nicht akzeptieren, dass Gott zu den Menschen durch ein bestimmtes Volk gesprochen hat. In Wirklichkeit drückt sich, denkt er, die Erlösungsgeschichte in der ganzen Menschheitsgeschichte aus. Das Christentum reflektiert nur, was überall und zu jeder Zeit schon gegenwärtig ist. Es hätte also woanders und unter anderen Völkern stattfinden können. Simone Weil hätte letzterer Idee sicherlich zugestimmt.

Die einzige Eigenart des Christentums ist der Erlöser, Jesus Christus, der, gemäß Rahner, in sich die vollkom-

nicht voneinander getrennt werden, wie Simone Weil in *Lettre à un religieux* schreibt, denn sie sind beide heilsnotwendig (LR 42). Christus selbst offenbart dies, wenn er auf das letzte Gericht zu sprechen kommt und diejenigen selig nennt, die ihm, ohne sich dessen bewusst zu sein, geholfen haben. Es reicht nicht aus, »Herr, Herr« zu sagen, während es sehr wohl genügen kann, Christus in den Armen zu helfen. Da Gott die Liebe ist, können daher selbst Atheisten ihn lieben und implizit an ihn glauben, wenn sie den anderen bedingungslos bejahen und lieben (ebd. 41f.).[228]

---

mene Transzendenz des Selbst erreicht hat. Der Mensch steht also immer in Beziehung zu Christus, zumindest implizit. Wenn der Mensch sich selbst völlig annimmt, dann akzeptiert er auch Christus, meint Rahner. Christus ist nicht die Ausnahme, sondern einfach die Art, wie der Mensch ist (ebd. 171–173). Das allerdings macht das Christentum und die Religion obsolet, wie Ratzinger folgert, da man dies auch auf einer rein rationalen Ebene ausführen kann (ebd. 176). Dies führt, könnte man hinzufügen, zu dem Ausschluss des Übernatürlichen, gegen das sich Weil gestellt hätte. Dadurch werden auch Bekehrung und Heilsnotwendigkeit überflüssig, wie Ratzinger schreibt. In Wirklichkeit kann der Mensch nicht einfach seine Erfüllung durch eine totale Selbstannahme erreichen, sondern muss befreit und sich selbst wieder zurückgegeben werden (ebd. 179). Simone Weil hätte Ratzinger hier zugestimmt.

228 Justin schreibt im Punkt 46 der ersten Apologie, wo er von der sittlichen Verantwortung vor der Ankunft Christi schreibt: »Dass Christus Gottes Erstgeborener sei als der Logos, an dem das ganze Menschengeschlecht Anteil bekommen hat, das sind wir gelehrt worden und haben es auch bereits angegeben. Und die mit dem Logos (oder gemäß ihm) gelebt haben, die sind Christen, wenn sie auch als Leute ohne Gott galten […]. Daher waren auch die, welche vorher ohne Logos [Vernunft] gelebt haben, unnütze Menschen und Christo feind und Mörder derjenigen, die dem Logos nachlebten; die aber, welche in

Der Glaube, wie der heilige Paulus schreibt, ist »das Sehen der unsichtbaren Dinge« (OC IV, 1 293 – Übersetzung von Simone Weils Zitat der heiligen Schrift; Heb 11:1). Gemäß Simone Weils Interpretation bedeutet dies, dass die Gottesliebe dem Menschen die Augen auf die Welt hin öffnet, so dass der Leidende wirklich für ihn existiert und nicht mehr übersehen wird.[229] Der andere wird für das Subjekt durch den Kontakt mit Gott von realer, echter Bedeutung (ebd. 336). Daraus folgt, dass der Glaube im Weilschen Sinne wirklich, wenn auch implizit, existiert und nicht nur *croyance*, also Meinung ist, und zwar dort, wo Nächstenliebe herrscht; denn die Seele des Liebenden wird von Gott bewohnt.

Simone Weil würde Ratzinger zustimmen, wenn er in »Glaube, Wahrheit und Kultur« schreibt: »das Heil liegt nicht in den Religionen als solchen, sondern es hängt mit ihnen zusammen, sofern und soweit sie den Menschen auf das eine Gute, auf die Suche nach Gott, nach Wahrheit und Liebe bringen« (GWT 166).

Was für Simone Weil die Frage nach dem Heil ausmacht, ist, ob der Mensch sein Herz hauptsächlich an die Güter dieser Welt hängt oder nicht. Widersagt er der Versuchung, aus seiner Arbeit, seinem Erfolg oder aus einem anderen Menschen einen Götzen zu machen, dann muss er in einer Haltung von *attente* des Wartens auf Gott verbleiben. Dabei darf er sich nicht ablenken lassen, nicht verzweifeln und nicht der Lüge Glauben schenken, dass irdische Güter ihm eines Tages Erfüllung schenken werden. Auch darf er nicht verneinen, dass er Hunger nach Unendlichkeit hat (OC IV, 1 324, 335). Hungrig zu sein ist keine Meinungsfrage, sondern ein Erfah-

---

Übereinstimmung mit dem Logos gelebt haben und noch leben, sind Christen und furchtlos und ruhig« (Justin I, Nr.46, S.82).

229 Denn »die Liebe sieht das Unsichtbare« (OC IV, 1 293).

rungsgehalt von absoluter Sicherheit, wie Simone Weil in »Réflexions sans ordre sur l'amour de Dieu« schreibt (ebd. 278f.). Genauso weiß man, wenn man keinen Hunger mehr empfindet, dass man genährt worden ist. Wenn der Glaube also sein Ziel erreicht hat, Gott selbst in die Seele herabsteigt, dann befindet man sich im Bereich der Gewissheit. Davor handelte es sich nur um eine Frage des hoffnungsvollen Wartens: man musste in einer Haltung von ἐν ὑπομονῇ bleiben, trotz existentieller, hungriger Sehnsucht, welche man nicht mit endlichen Gütern zu befriedigen versuchen darf (ebd.).

Auch wenn die Moral wichtig für die »Zähmung« des eigenen Ichs ist, so bewirkt sie nicht das Heil. Zu glauben, dass man aus eigenen Kräften vollkommen werden oder die eigene Sittlichkeit einen retten könne, ist so absurd wie zu denken, dass man eines Tages fliegen wird, wenn man nur oft genug hoch in die Luft springt (ebd. 323; OC VI, 4 264f.). Wie Simone Weil in ihrem Aufsatz über die implizite Liebe zu Gott schreibt: es gibt im Heil eine Leichtigkeit, welche schwieriger ist als all unsere Bemühungen (OC IV, 1 323). Anstatt des reinen Willensaktes ist es eher die schmerzhafte Sehnsucht nach Gott, die rettet, denn sie bewirkt, dass man mit seinem ganzen Herzen wartet, ohne sich ablenken zu lassen – trotz des Leidens und der Entmutigung in der dunklen Nacht der scheinbaren Gottesferne (während das eigene Wesen mit einer Sanftmut durchzogen sein kann, welche nur von anderen wahrgenommen wird und die fähig ist, die Mauern der verhärteten Herzen herunter zu reißen) (ebd. 324f.). Der Liebende wartet mit Sehnsucht auf die Rückkehr des Herrn in sein Haus.[230] [231] Gott alleine ist diese bedingungslose und absolute reine Gutheit, die

230 Für diejenigen, welche wegen einer traumatischen persönlichen oder familiären Erfahrung die Religion hassen, müsste also in Weils Augen die Nächstenliebe und

durch das Böse niemals besiegt werden kann (ebd. 321). Den Blick auf ihn und auf seinen Abglanz in dieser Welt zu richten, ist deswegen schon heilbringend. Denn es ist »der Blick [...] der rettet«, wie Simone Weil schreibt (ebd. 322).[232]

## Schlussfolgerung

Viele Leser heute, nehme ich an, erkennen ihre eigene Meinung in Weils Ansatz, was die Vielfalt der Religionen als verschiedene Sprachen einer gleichen Offenbarung betrifft. Auch wenn Weils Hypothesen bestimmten, heute weit verbreiteten theologischen Meinungen vorgegriffen haben, würde sie nicht deren relativistische Voraussetzungen teilen. Wenn sie von der Möglichkeit anderer Inkarnationen spricht, will sie dabei nicht die Zentralität Christi infrage stellen. Im Gegenteil! Er ist der Logos, von dem das Heil kommt. Allerdings spielt sie mit der Möglichkeit, dass er verschiedene menschliche Formen in einer Vielzahl von Kulturen angenommen hat, gerade weil er der einzige Erlöser ist und allen Menschen das Heil anbieten will.

---

die Schönheit reichen, um sie mit Hilfe der Gnade Gottes zu retten (cf. OC IV, 1 315).

231 Wenn man gerettet werden kann, so kann man auch verloren gehen. Dies kann durch Idolatrie geschehen oder indem man auf Leid und zugefügtes Böses mit Bösem antwortet. Wie ich in meinem anderen, in diesem Band enthaltenen Essay über die Banalität des Bösen gezeigt habe, kann man das Böse in sich selbst nur auflösen, indem man es mit dem absolut Guten in Kontakt bringt, welches es in Leiden verwandelt, anstatt es dem Teufelskreis des Talionsgesetzes preiszugeben.

232 Siehe auch OC IV, 1 276f., 279, 337.

Ihr Ausgangspunkt ist deswegen dem New Age diametral entgegengesetzt, das bestimmte hinduistische Elemente verwertet hat. »Gott ist nicht eine der Welt gegenüberstehende Person«, wie Ratzinger die Position des New Age zusammenfasst, sondern »die das All durchwaltende geistige Energie «. Deswegen bedeutet Religion aus der Sichtweise des New Age »das Einschwingen meines Ich ins kosmische Ganze « (GWT 103). Menschen suchen die Ekstase, versuchen durch den »Rausch des Unendlichen, der sich in rauschhafter Musik, in Rhythmus, Tanz, in Raserei des Lichts und des Dunkels, in der Masse Mensch zutragen kann« indem sie aus sich selbst herausbrechen (ebd.). Um ihrer selbst willen Ektase zu suchen, war Weil zutiefst zuwider. Sie nannte den Zustand, den etwa Drogen hervorrufen, eine »falsche Mystik« (OC IV, 1 309). Echte Mystik kann nicht vom Menschen gemacht werden und sollte nicht einmal erstrebt werden: sie ist ein freies Geschenk Gottes an diejenigen, die seiner harren. Ein Resultat der falschen Mystik, wie Ratzinger zu Recht folgert, ist die Rückkehr der Vielgötterei und der damit verbundenen Versklavung (GWT 103f.). Die Glückseligkeit Gottes erfahren zu wollen, indem man alle Begrenzungen auflösen will, bedeutet, selbst wie Götter sein zu wollen. Wir wissen, wohin dieses Verlangen die Menschheit während ihrer Geschichte geführt hat, von der Genesis zu den zerstörerischen Ideologien des letzten Jahrhunderts.[233]

---

233 Wie Ratzinger in seinem Essay »Die in den 1990er Jahren aufgebrochenen neuen Fragestellungen« feststellt, setzt dieser Begriff der Religion den Relativismus voraus (GWT 94f.).

Man könnte *prima facie* meinen, durch das Aufgeben von Dogmen dem Geheimnis Gottes besser gerecht werden zu können. Aber in Wirklichkeit öffnet es der Auffassung Tür und Tor, dass alles und nichts wahr ist. »Ein Glaube, den wir selbst festlegen können, ist über-

Ich möchte diesen Aufsatz mit einem Hinweis auf C.S. Lewis' Verständnis der Mythologie beenden. Wie viele Ungläubige dachte C.S. Lewis in seiner Jugend, dass das Christentum nur ein Mythos unter anderen sei. Aufgrund von J.R. Tolkiens Erklärungen kam er dazu, im Christentum einen Mythos zu sehen, der Wirklichkeit geworden war. Die Mythen hatten schattenhaft und nur teilweise etwas ausgedrückt, was noch kommen sollte: die Inkarnation von Gottes Sohn, seine jungfräuliche Geburt, seine Passion. Die Geburt Christi und sein Leben haben leibhaftig verkörpert, was Mythen nur vage intuitiv erfasst haben.[234] Vielleicht dachte Simone Weil in ähnlichen Bezügen, als sie von Christus als von einer »realen Metapher« sprach (OC VI, 4 114). Und vielleicht, wenn sie Lewis und Ratzinger kennengelernt hätte, hätte sie auf manche ihrer Fragen Antworten gefunden. Aber dies bleibt Spekulation. Sie und Ratzinger erkannten beide, dass Gott ein verborgener Gott, ein

---

haupt kein Glaube«, so Ratzinger (GWT 105). Denn ich kann nicht an etwas glauben, was ich mir selbst ausgedacht habe. Der Glaube muss mir weitervermittelt werden, genauso wie Offenbarung geschieht, ohne dass ich sie hervorbringe. In dieser Offenbarung kommt »er, der Lebendige und Wahre« und bricht »in unsere Welt« und bricht »so auch den Kerker unserer Theorien«, unseres Positivismus, welcher die Möglichkeit des Übernatürlichen verneint, auf, »mit deren Gitterstäben wir uns selbst gegen dieses Kommen Gottes in unser Leben absichern wollen« (GWT 109).

234 Er schreibt, zum Beispiel, in seinem Aufsatz »Myth Became Fact«: »das Herz des Christentums ist ein Mythos, welcher auch eine Tatsache ist. Der antike Mythos eines sterbenden Gottes, *ohne aufzuhören ein Mythos zu sein,* kommt vom Himmel der Legende und der Fantasie auf die Erde der Geschichte« (zitiert in Walter Hooper, *C.S. Lewis: A Companion and Guide,* London: HarperCollins, 1996, S.584, 582–585).

Gott der Stille ist. Wenn sie schreibt, dass der *Logos* »das Schweigen Gottes ist«, meint sie damit ein Schweigen, das nicht eine Abwesenheit von Ton ist, sondern der Gegenstand einer »positiven Wahrnehmung, wirklicher als der eines Tons« (OC VI, 2 373; AD 48f.). Ratzinger würde dem hinzufügen: »nur wenn wir ihn [Gott] als Schweigen erfahren haben, dürfen wir hoffen, auch sein Reden zu vernehmen, das im Schweigen ergeht« (EC 279).

# Bibliographie

## Abkürzungen der zitierten Werke Simone Weils


AD *Attente de Dieu,* [Paris]: Fayard, 1966.

CO *La condition ouvrière,* Espoir, [Paris]: Gallimard, 1951.

CSW »Lettre à Maritain«, 27. 7. 1942, *Cahiers Simone Weil* (CSW) 3,2 (1980), S. 68–71.

EHP *Écrits historiques et politiques,* [Paris]: Gallimard, 1960.
— »Lettre à Bernanos«, S. 220–224.

EL *Écrits de Londres et dernières lettres,* Paris: Gallimard, 1957.
— »Cette guerre est une guerre de religions«, S. 98–108.
— »La Personne et le sacré«, S. 11–44.
— »Lettres à Maurice Schumann«, S. 185–215.
— »Luttons-nous pour la justice«, S. 45–57.

LR *Lettre à un religieux,* Paris: Gallimard, 1951.

OC *Œuvres complètes,* [Paris]: Gallimard, 1988.

OC II, 1 *Écrits historiques et politiques: l'engagement syndical (1927 – juillet 1934),* Géraldi Leroy (Hrsg.), 1988.
— »Réflexions sur la guerre«, S. 288–299.

OC II, 3 *Écrits historiques et politiques: vers la guerre (1937–1940),* Simone Fraisse (Hrsg.), 1989.
— »L'*Iliade* ou le poème de la force«, S. 227–253.
— »Réflexions sur la barbarie«, S. 222–225.
— »Ne recommençons pas la guerre de Troie«, S. 49–66.

OC IV, 1 *Écrits de Marseille (1940–1942),* Robert Chenavier *et al.* (Hrsg.), 2008.
— »À propos du Pater«, S. 337–345.
— »Formes de l'amour implicite de Dieu«, S. 285–336.
— »Essai sur la notion de lecture«, S. 73–79.
— »La porte«, S. 11–12.
— »L'amour de Dieu et le malheur«, S. 346–374.
— »Les trois Fils de Noé et l'histoire de la civilisation méditerranéenne«, S. 375–386.
— »Morale et Littérature«, S. 90–95.
— »Pensées sans ordre concernant l'amour de Dieu«, S. 280–284.

— »Réflexions sans ordre sur l'amour de Dieu«, S. 272–279.
— »Réflexion sur le bon usage des études scolaires en vue de l'amour de Dieu«, S. 255–262.

OC IV, 2 *Écrits de Marseille (1941–1942)*, Anisse Castel-Bouchouchi, Florence de Lussy (Hrsg.), 2009.
— »Dieu dans Platon«, S. 75–130.
— »En quoi consiste l'inspiration occitanienne?«, S. 414–424.
— »[Sur *le Phèdre* et *le Banquet*]«, S. 689–692.

OC V, 2 *Écrits de New York et de Londres (1943): L'Enracinement: Prélude à une déclaration des devoirs envers l'être humain*, Robert Chenavier, Patrice Rolland (Hrsg.), 2013.
— »Étude pour une déclaration des obligations envers l'être humain«, S. 95–101.

OC VI, 1 *Cahiers (1933 – septembre 1941)*, Alyette Degrâces *et al.* (Hrsg.), 1994.

OC VI, 2 *Cahiers (septembre 1941 – février 1942)*, Alyette Degrâces *et al.* (Hrsg.), 1997.

OC VI, 3 *Cahiers (février 1942 – juin 1942): La porte du transcendant*, Alyette Degrâces *et al.* (Hrsg.), 2002.

OC VI, 4 *Cahiers (juillet 1942 – juillet 1943): La connaissance surnaturelle (Cahiers de New York et de Londres)*, Marie-Annette Fourneyron *et al.* (Hrsg.), 2006.

OL *Oppression et liberté*, Paris: Gallimard, 1955.
— »Y a-t-il une doctrine marxiste?«, S. 221–254.

PSO *Pensées sans ordre concernant l'amour de Dieu*, [Paris]: Gallimard, 1962.
— »Israël et les Gentils«, S. 47–62.
— »Lettre à Joë Bousquet«, S. 73–84.

S *Sur la science*, [Paris]: Gallimard, 1966.
— »Réflexions à propos de la théorie des quanta«, S. 187–209.

## Allgemeiner Quellennachweis

Arendt, Hannah, *Eichmann in Jerusalem: Ein Bericht von der Banalität des Bösen*, Brigitte Granzow (Übers.), München: Piper, 1964, [4]2009.

— *Eichmann war von empörender Dummheit: Gespräche und Briefe*, Ursula Lodz, Thomas Wild (Hrsg.), München: Piper, 2013.

— *Elemente und Ursprünge totaler Herrschaft: Antisemitismus, Imperialismus, totale Herrschaft*, München: Piper, 2017 (1986).
— *Nach Ausschwitz: Essays und Kommentare*, Bd. 1, Eike Geisel (Hrsg., Übers.), Berlin: Tiamat, 1989.
— Brief an Gerschom Scholem, 20. Juli 1963, S. 71–79.
— »Some Questions of Moral Philosophy«, in: *Responsibility and Judgment*, Jerome Kohn (Hrsg.), New York: Schocken, 2003, S. 49–146.
— *The Human Condition*, Chicago: Chicago UP, 1998 (1958).
— *The Origins of Totalitarianism*, Orlando/Fl: Harcourt, 1994 (1966).
— *Über das Böse: Eine Vorlesung zu Fragen der Ethik*, Jerome Kohn (Hrsg.), Ursula Ludz (Übers.), München: Piper, 2006.
Augustinus, *Sermo 169*, *http://www.augustinus.it/latino/discorsi/discorso_220_testo.htm* (23.10.2017).
Benedikt XVI, Papst, »Katechese vom 18. Oktober 2006«, *http://w2.vatican.va/content/benedict-xvi/de/audiences/2006/documents/hf_ben-xvi_aud_20061018.html* (23.10.2017).
Benhabib, Seyla, »Arendt's *Eichmann in Jerusalem*«, in: Dana Villa (Hrsg.): *The Cambridge Companion to Hannah Arendt*. Cambridge: Cambridge University Press, 2000, S. 65–85.
Bespaloff, Rachel, *De L'Iliade*, New York: Brentano, 1943.
Broc-Lapeyre, Monique, »L'autre côté du ciel«, in: CSW 35,2 (2015), S. 215–231.
— »Une tout autre idée de Dieu«, CSW 25,4 (2002), S. 305–317.
Bürkle, Horst, »'Den Originalton in den Religionen wahrnehmen': Benedikts XVI. theologische Orientierungen im Religionsdiskurs« in: *IKaZ Communio* 35 (2006), S. 573–594.
Cabaud, Jacques, *Simone Weil à Londres*, in: CSW 16,4 (1993), S. 275–311.
— *Simone Weil: Die Logik der Liebe*, Freiburg: Karl Alber, 1968.
Cabaud Meaney, Marie, »Die Banalität des Bösen aus der Perspektive Simone mit einem Blick auf Hannah Arendt«, in: *Jahrbuch für Religionsphilosophie* 11 (2012) München: Verlag Karl Alber, S. 143–183.
— »Gnadenlos – Simone Weils Kriegsverständnis im Licht der *Ilias*« in: Communio 43 (2014), S. 16–24.
— »Le mal, est-il mystérieux ou banal?« in: CSW 35,2 (2012) S. 255–278.
— »Peace through Conversion: Beauty as the Stepping-Stone to God in *Brideshead Revisited*«, in: Joan F. Hallisey, Mary-Anne Vetterling (Hrsg.): *Making Peace in our Time, Proceedings of the Northeast Regional Conference on Christianity*

*and Literature, October 26–28, 2007, Regis College, Weston/ MA*, Regis College: Peace Press, 2008, S.173–185.
— *Simone Weil's Apologetic Use of Literature: Her Christological Interpretations of Classic Greek Texts*, Oxford: Oxford University Press, 2007.
— »Simone Weil and René Girard: Violence and the Sacred«, in: *The American Catholic Philosophical Quarterly* 84,3 (2010), S.565–587.
— »The Supernatural as Remedy to Totalitarian Regimes: Simone Weil on Sanctity and the Eucharist«, in: Lucian Stone, A. Rebecca Rozelle-Stone (Hrsg.): *The Relevance of the Radical: Simone Weil 100 Years Later*, London: Continuum, 2010, S.38–52.
— »Understanding Simone Weil's ›Science of the Supernatural‹ within the Context of Rationalism«, in: *Spaziofilosofico* 17 (2016) S.351–365, *http://www.spaziofilosofico.it/wp-content/uploads/2016/07/Cabaud-Meaney.pdf* (12.12.2017).
Cesarani, David, *Becoming Eichmann: Rethinking the Life, Crimes, and Trial of a ›Desk Murderer‹*, Cambridge/MA: DaCapo, 2006 (2004).
Chenavier, Robert, »Les Usages du surnaturel chez Simone Weil«, in: CSW 34,4 (2011), S.385–394.
— »Simone Weil et Hannah Arendt«, in: CSW 12, 2 (1989), S.149–169.
Collin, Françoise, »Les deux philosophes et le gros animal«, in: Michel Narcy, Étienne Tassin (Hrsg.): *Les catégories de l'universel: Simone Weil et Hannah Arendt*, Paris: l'Harmattan, 2001, S.29–52.
Crosby, John F, »On Empathy«, in: *Fides Quaerens Intellectum* 2,1 (2002), S.23–53.
David, Pascal, »L'absolu peut-il faire l'objet d'une science expérimentale?« in: CSW 35,1 (2012), S.29–87.
Dargan, Joan, *Simone Weil: Thinking Poetically*, Albany: SUNY, 1999.
Devaux, André-A, »Raison et mystère chez Simone Weil«, in: Mireille Calle et al. (Hrsg.), *Simone Weil: La passion de la raison*, Paris: L'Harmattan, 2003, S.181–189.
Doino, William, »Mother Teresa and her Critics« in: *First Things*, 1. April 2013, *https://www.firstthings.com/web-exclusives/2013/04/mother-teresa-and-her-critics* (10.10.2017).
Dorival, Gilles, »L'apologétique chrétienne et la culture grecque« in: *Les apologistes chrétiens et la culture grecque*, Bernard Pouderon, Joseph Doré (Hrsg.), Paris: Beauchesne, 1998, S.423–465.
Elon, Amos, »The Excommmunication of Hannah Arendt« (Ein-

führung) in: Arendt, Hannah, *Eichmann in Jerusalem: A Report on the Banality of Evil*, London: Penguin, 2006, S. VII-XXIII.

Festugière, André-Jean, *L'idéal religieux des grecs et l'évangile*, Gabalda: Paris, 1932.

Gabellieri, Emmanuel, *Être et don: Simone Weil et la philosophie*, Leuven: Peeters, 2003.

— »Psychologie du ›Gros Animal‹ et philosophie de la barbarie chez Simone Weil«, in: CSW 9, 3 (1986), S. 260–285.

— »Simone Weil entre le paganisme et la Bible: Un dialogue herméneutique avec Ricœur, Levinas, Schelling et Pascal«, CSW 26,1 (2003), S. 27–49.

Hildebrand, Dietrich von, *The Heart: An Analysis of Human and Divine Affectivity*, South Bend/IN: St Augustine Press, 2012.

Hooper, Walter, *C. S. Lewis: A Companion and Guide*, London: HarperCollins, 1996.

I Fioretti, *Die Blümlein des heiligen Franziskus von Assisi*, Assisi: Casa Editrice Francescana, *http://www.hl-franziskus-blieskastel.de/hl-franziskus/legenden/vollkommene-freude/* (21.10.2017).

Ishiguro, Hide, »Myths and False Dichotomies«, in: *Social Research*, 52,2 (1985), S. 363–381.

Justin Martyr, St Justin, *Die Apologien des Heiligen Justinus, Philosophen und Martyrs*, P.A. Richards (Übers., Hrsg.), Kempten: Verlag der Jos. Kösel'schen Buchhandlung, 1871.

Kapani, Lakshmi, »Simone Weil, lectrice des Upanisad Védiques et de la Bhagavad-Gîtà: l'action sans désir et le désir sans objet«, CSW 5,2 (1982), S. 95–119.

Kahn, Gilbert, »Les notions de pesanteur et d'énergie chez Simone Weil«, in: CSW 9,1 (1986), S. 22–31.

*Katechismus der katholischen Kirche*, München: R. Oldenbourg Verlag, 1993.

Koonz, Claudia, *The Nazi Conscience*, Cambridge/MA: Harvard UP, 2003.

Lewis, C. S., *The Abolition of Man*, New York: HarperCollins, 2001 (1944).

— *The Last Battle*, Collier Books: New York, 1970 (1956).

— *Surprised by Joy*, Collins: Glasgow, [21]1982.

Lipstadt, Deborah, *The Eichmann Trial*, New York: Schocken, 2011.

Little, Janet P. »Contribution à une étude du paradoxe chez Simone Weil«, in: CSW 11,2 (1988), S. 105–114.

Lussy, Florence de, »Marche de l'écriture, progression de la pensée«, CSW 11,2 (1988), S. 115–126.

Majarah, Rabi, *The Death of a Guru*, Eugene/OR: Harvest House, 1977.

Marianelli, Massimiliano, »Unicité de la vérité et universalisme religieux weilien comme lieu de rencontre entre les cultures«, CSW 29,4 (2006), S. 373–388.

Marion, Jean-Luc, *Le mal en personne*, in: *Prolégomènes à la charité: Les essais*. Paris: Éditions de la Différence, [3]2007, S. 15–47.

Marxer, François, »Avec Simone Weil, franchir le Rubicon théologique? Unicité de la croix et pluralité des religions«, CSW 35,2 (2012), S. 189–214.

Naud, André, *Les dogmes et le respect de l'intelligence: plaidoyer inspiré par Simone Weil*, Québec: Fides, 2002.

Pacheco Gonçalves, J.M., »Le mystère du surnaturel: Simone Weil et Henri de Lubac«, in: CSW 35,2 (2012), S. 233–254.

Pascal, Blaise, *Pensées, Œuvres complètes*, (La Pléiade), Jacques Chevalier (Hrsg.), [Paris]: Gallimard, 1954.

Pètrement, Simone, *La Vie de Simone Weil*, 2 Bd., [Paris]: Fayard, 1973.

— *Simone Weil: Ein Leben*, Ellen D. Fischer (Übers.), Leipzig: Leipziger Universitäts Verlag, 2008.

Raper, David, »Les modèles de religion et la notion de vérité«, in (Hrsg. Gilbert Kahn): *Simone Weil: Philosophe, historienne et mystique*, Aubier, Paris, 1978, S. 59–66.

Ratzinger, Joseph:

— EC: *Einführung ins Christentum*, München: Kösel Verlag, in der Verlagsgruppe Random House GmbH, 2000.

— GWT: *Glaube – Wahrheit – Toleranz: Das Christentum und die Weltreligionen*, Freiburg: Herder, 2003.

— LG: *Letzte Gespräche*, Peter Seewald (Hrsg.), München: Droemer, 2006.

— VREB: *Die Vielfalt der Religionen und der eine Bund*, Hagen: Verlag Urfeld, Hagen, 1998.

— TP: *Theologische Prinzipienlehre: Bausteine zur Fundamentaltheologie*, München: Erich Wewel, 1982.

Sayers, Dorothy L., »The City of Dis« in: *Introductory Papers on Dante*. New York: Barnes & Noble, 1969 Wiederdruck (1954), S. 127–150.

Scheler, Max, *Der Formalismus in der Ethik und die materiale Wertethik*, Bern: Francke Verlag, 1966.

— »Reue und Wiedergeburt« in: Maria Scheler (Hrsg.): *Vom Ewigen im Menschen*, Bern: Francke-Verlag, [4]1968, S. 27–59.

— *Vom Ewigen im Menschen*, Bern: Francke Verlag, 1968.

Schotten, Peter, »Hannah Arendt's Eichmann Reconsidered« in: *Modern Age* 49,2 (2007), S. 139–147.

Seaford, Richard, *Dionysos*, London: Routledge, 2006.
Sharpe, Barry, *Modesty and Arrogance in Judgment: Hannah Arendt's »Eichmann in Jerusalem«*, Westport/CT: Praeger, 1999.
Stangneth, Bettina, *Eichmann vor Jerusalem: Das unbehelligte Leben eines Massenmörders*, Zürich: Arche, 2011.
Stein, Edith, *Zum Problem der Einfühlung, Gesamtausgabe*, Maria Antonia Sondermann OCD, Karmel »Maria vom Frieden« zu Köln (Hrsg.), Bd.5, Freiburg: Herder, 2008.
Steiner, George. *Antigones: The Antigone Myth in Western Literature, Art and Thought*, Oxford: Oxford University Press, 1984.
— & Fagles, Robert (Hrsg.), *Homer: A Collection of Critical Essays*, Englewood Cliffs: Prentice Hall, 1962.
Sourisse, Michel, »Sur une aporie concernant le problème du mal chez Simone Weil« in: CSW 19,2 (1996), S. 177–198.
Villela-Petit, Maria, »La Force des mots: écho philosophique à ›l'étrange mort de Patrocle‹«, in: *Diogène* 181 (1998), S. 89–99.
— »Une lecture élective et analogique de la Bible«, in: CSW 25,4 (2002), S. 281–295.
Vetö, Miklos, *La métaphysique religieuse de Simone Weil*, Paris: L'Harmattan, [2]1997.
Waugh, Evelyn, *Brideshead Revisited: The Sacred and Profane Memories of Captain Charles Ryder*, New York: Little, Brown, 1973.
Young-Bruehl, Elisabeth, *Hannah Arendt: For Love of the World*, New Haven: Yale University Press, [2]2004.
Yourgrau, Palle, *Simone Weil*, London: Reaktion Books, 2011.
Zweites Vatikanisches Konzil, *Gaudium et spes*, 7.12.1965, *http://www.vatican.va/archive/hist_councils/ii_vatican_council/documents/vat-ii_const_19651207_gaudium-et-spes_ge.html* (8.1.2018).